奎文萃珍

平山堂圖志

上册

[清] 趙之壁 撰

文物出版社

圖書在版編目（CIP）數據

平山堂圖志 / (清) 趙之壁撰. -- 北京 : 文物出版社, 2019.8
（奎文萃珍 / 鄧占平主編）
ISBN 978-7-5010-6166-2

Ⅰ. ①平… Ⅱ. ①趙… Ⅲ. ①名勝古迹－介紹－揚州－清前期 Ⅳ. ①K928.705.33

中國版本圖書館CIP數據核字(2019)第103041號

奎文萃珍
平山堂圖志 〔清〕趙之壁 撰

主　　編：鄧占平
策　　劃：尚論聰　楊麗麗
責任編輯：李縉雲　劉良函
責任印製：蘇　林

出版發行：文物出版社
社　　址：北京市東直門内北小街2號樓
郵　　編：100007
網　　址：http://www.wenwu.com
郵　　箱：web@wenwu.com
經　　銷：新華書店
印　　刷：藝堂印刷（天津）有限公司
開　　本：710mm×1000mm　1/16
印　　張：36
版　　次：2019年8月第1版
印　　次：2019年8月第1次印刷
書　　號：ISBN 978-7-5010-6166-2
定　　價：198.00圓（全二册）

序言

《平山堂圖志》是一部關於揚州平山堂及其周邊園林勝景的志書，其編撰者爲清乾隆年間兩淮鹽運使趙之壁。

平山堂位於揚州市西北郊蜀岡之上，大明寺旁，始建于北宋慶曆八年（一〇四八），爲時任揚州知府的歐陽修所建。於此堂上，極目遠眺，江南諸山，皆歷歷在目，似與堂平，故曰『平山堂』。平山堂建成後，即成爲當地名勝，歐陽修亦多次攜賓客於此舉行詩酒文會。元代至明初此堂一度荒蕪，明天順、嘉靖及萬曆年間均有重修之舉。清康熙十二年（一六七三），揚州知府金鎮與當地鄉紳、刑部主事汪懋麟等人集資重建平山堂，此次重建規模宏大，汪懋麟《重建平山堂記》描述其『軒敞巨麗，吐納萬景』。重建之後，平山堂再度成爲揚州游樂觴咏的勝地。康熙二十三年（一六八四）、四十四年（一七〇五），康熙帝南巡兩度臨幸平山堂，御書『怡情』二字於真賞樓上，又書『平山堂』及『賢守清風』額懸於平山堂内。乾隆元年（一七三六），鹽商汪應庚又修葺平山堂，增棲靈寺、平樓、洛春堂等，形成了以平山堂爲中心的建築群。乾隆十六年（一七五一），乾隆帝南巡至平山堂，賜聯、額、書法，皆石刻供奉山堂中。之後，乾隆帝又數次南巡，皆至平山堂。兩位皇帝的臨幸，使平山堂盛極一時。

趙之壁，字東辰，清寧夏府人。清初名將趙良棟之孫。由户部郎歷任府道，乾隆二十七年（一七六二）升兩淮鹽運使。乾隆三十年（一七六五），乾隆皇帝南巡，揚州鹽商在北郊新建了卷石洞天、西園曲水、虹橋攬勝、平岡艷雪等二十景，形成了『兩堤花柳全依水，一路樓臺直到山』的園林景觀。趙之壁幸遇此盛事，在接駕後撰成《平山堂圖志》，對揚州北郊至平山堂沿途的園林名勝分別繪圖、叙述，并輯録歷代詩文、軼事。此書卷前有乾隆乙酉（即乾隆三十年）自序，云其：『恭逢翠華，莅止得備掃除供頓之役，瞻雲漢之昭，回溯前賢之芳躅，其歡欣踴躍有不自知其然而然者。因以其暇日，與一二好古之士流覽山川，網羅載籍，汰舊志之繁冗，變其體裁，而益以未備。因平山堂以及蜀岡，因蜀岡以及保障湖，因岡與湖以及諸園、亭、祠、寺。竊仿古人左圖右書之義，勒成一書曰《平山堂圖志》。』全書共十卷，又卷首一卷。其中卷首爲宸翰，收録清朝康熙、乾隆等皇帝御賜物名稱以及御製詩文、聯額等；卷一、卷二爲名勝，收録歷代典籍中有關各名勝之記載，并附案語，共載名勝五十二處；卷三至卷九爲藝文，收録歷代歌詠平山堂一帶景點的賦、詩、序、銘等；卷十爲雜識，從歷代詩話、筆記、史志中輯録有關平山堂的軼事异聞若干條。

《平山堂圖志》參考了前人舊志，即汪應庚《平山堂攬勝志》（乾隆七年）及程夢星《平山堂小志》（乾隆十七年）。較之舊志，《平山堂圖志》有不少出藍之處，其中最爲重要的有兩點：一是『藝文』『雜識』兩門資料，均大大超過兩種舊志，尤其是『雜識』一門，采録『方言、詩話、軼事、异聞，或稽之史傳，或采之説部，細大不遺』。而之前的兩種舊志，過於偏重藝文，而故事『不無缺略』；二是仿古人左圖右書之例，繪刻名勝全圖四幅，圖一《蜀岡保障河全景》、圖二《由城闉清梵至蜀岡三峰再由尺五樓至九峰園》、圖三《迎恩河東岸》、圖四《迎恩河西岸》，均爲連頁長卷。其中圖二由一百一十四個半頁連接，足稱巨制。繪圖細膩，刀筆謹嚴，凡亭台樓榭、花草樹木、山巒水波，均纖毫畢現，洵爲乾隆時期山水版畫精品。

《平山堂圖志》初刻本爲乾隆三十年趙之壁刻本，軟體字寫刻極精美。惜書板片於太平天國時期毀於兵燹，故印本稀見，各家書目鮮有著録。光緒九年（一八八三），歐陽利見據乾隆本刻，并就圖志重加校訂。光緒本字體較原刻稍劣，一九八三年臺灣成文出版社據以影印。又有日本天保十四年（一八四三）刻本，刻印均佳，與原板不分輊軒，僅卷十後鐫『天保十四年刊』字樣。天保本書版至今猶存，昭和五十六年（一九八一）同朋舍即以原版重刷二百部。一九七一年，臺北文海出版社影印出版《中國名山勝迹志叢刊》，其中《平山堂圖志》即以天保十四年本爲底本。此次出版，覓得北京師範大學圖書館藏乾隆三十年刻初印本，據此影印以饗讀者。

平山堂踞蜀岡巔宋慶歷八年廬陵歐陽公守揚時所築也蜀岡在宇宙間不足以言撮土揚州地勢平衍俗好爲高樓傑閣以收遠景平山堂特其一耳乃流傳至今七百餘年屢廢復興登斯堂者至低回留之不能去豈不以其人哉我

聖祖仁皇帝臨幸斯堂寵頒

御藻我

皇上四幸江南

宸翰龍章極寵遇褒嘉之美異世名賢遭逢

聖主信千古所未有也之壁奉

命膺轉運之職來居是邦雖無守土之責而高山景行
向往維切況恭逢
翠華涖止得備埽除供頓之役瞻
雲漢之昭回遡前賢之芳躅其歡欣踴躍有不自知其
然而然者因以其暇日與一二好古之士流覽山
川網羅載籍汰舊志之繁冗變其體裁而益以未
備因平山堂以及蜀岡因蜀岡以及保障湖因岡
與湖以及諸園亭祠寺竊仿古人左圖右書之義
勒成一書曰平山堂圖志縱未敢爭勝前人要於
歐陽公所云事增於前文省於舊者其庶幾焉夫

地以人傳而人之傳又視其遇不遇之壁既私幸躬逢其盛而又慶斯堂之遇則是役也其不可以已矣夫時在乾隆乙酉七月既望天水趙之壁序於揚州官署

平山堂圖志凡例

一古地志並稱圖經蓋古人左圖右書不可偏廢而輿地形勢尤非圖不明唐李吉甫元和郡國圖志宋王存九域圖志皆其例也平山堂志繪圖既多故亦稱圖志云

一平山堂舊有汪應庚攬勝志程夢星小志俱極古雅可觀但所重專在藝文一門故事不無缺略今志博搜羣籍類別區分庶幾體裁略備

一平山堂恭逢

聖祖仁皇帝翠輦時巡親灑

宸翰
欽賜内織綾旛一首於寺我
皇上四幸江南
御製詩文聯額炳燿日星
上方珍玩
頒賜稠疊賢守名山極千古遭逢之盛今特敬謹繕録
冠諸卷端永爲山靈光寵

一揚州諸山以蜀岡爲雄冠保障河受西山諸水
滙蜀岡前迴環曲折而南至於硯池兩岸園亭
如綺交繡錯然惟平山堂之名爲最著茲志以

山水爲經而以平山堂左右祠寺及園亭各勝爲緯仍總稱曰平山堂志以從其著焉

一藝文詳於宋元以前至有明一代則區别頗慎我

朝名家輩出隨珠荆璞美不勝收然惟其人已往者載之寧濫毋煩較舊志不過十之二三而已

一小秦淮乃小東門外夾河無關延賞寶祐城在蜀岡以北蒙谷茶園時會堂春貢亭崑邱臺諸古蹟又在上方寺側皆去平山堂甚遠迺舊志雖收今不復録

一古書之足資考訂及有關建置興廢者已悉採入名勝門内自餘方言詩話軼事異聞或稽之史傳或採之説部細大不遺總爲雜識一卷用
殿全書以資博覽

平山堂圖志凡例

平山堂圖志目録

卷首

宸翰

圖

卷第一

名勝上

卷第二

名勝下

卷第三

藝文一 賦

卷第四
藝文二詩一
卷第五
藝文三詩二
卷第六
藝文四詩三
卷第七
藝文五詩餘
卷第八
藝文六記一

卷第九
藝文七　記二　序　銘
卷第十
雜識

平山堂圖志目録

宸翰

兩淮都轉鹽運使司鹽運使世襲一等子臣趙之璧恭錄

世祖章皇帝

額

敬佛 慧因寺

聖祖仁皇帝

詩

平山堂

宛轉平岡路向西山堂遺構白雲低簾前冬暖花仍發簷外風高鳥亂啼仙仗何嘗驚野夢鳴鑣偶爾過幽棲

文章太守心徧憶（歐陽修自題平山堂詞有文章太守之句）墨灑龍香壁上

題

額

平山堂

賢守清風

怡情

澄曠（以上平山堂）

蓮性寺（本寺）

御賜

内織綾旛一首

御碑

上巳日再登金山詩並唐句一首建亭蓮性寺左

臨董其昌書絕句一首建亭平山堂西園内

靈隱寺詩一首建亭平山堂右

世宗憲皇帝

聯

萬松月共衣珠朗

五夜風隨禪錫鳴法淨寺

皇上

詩

平山堂作 辛未春仲

梅花纔放爲春寒果見淮東第一觀馥馥清風來月牖枝枝畫意入雲欄蜀岡可是希吳苑永叔何曾遜謝安更喜翠峯餘積雪平章香色助清歡

平山堂一律 丁丑春仲

西寺西頭松竹深歐陽舊蹟試遊尋江南山色秀無盡二月韶光美不禁四字簷端垂
聖藻千秋座右揭官箴春巡處處
前徽仰到此尤廑顧俊心

雨中遊平山堂一律 丁丑二月十日

麥穎新抽正資澤梅英乍濯雅宜遊可教古寺徒吟
謝遂使平山不問歐堤柳垂垂度烟重篷篛淰淰入
寒浮微嫌絲管鐃繁會咫尺林泉負寘搜

自高旻寺行宮再遊平山堂即景六首

前朝煙棹寧耽玩供帳因他率已陳自是晴明山色
好重教遊騎策高旻

富庶從來說廣陵滿城絲管映街燈康風擬令崇浮
約謀食貧人慮失憑

春風行館憩天寧早見平山黛色青便進湖船漾新
碧且看夾岸畫爲屏

一株綠柳一紅欄絲緯沿隄引木蘭小令還逐輸蘇氏
軾東山未擬謝家安
潤含新麥綠塍寬恰是淮東第一觀試想風流賢太
守詎因歌舞照清歡
蜀岡遊罷催歸鑾畫鷁原遲十里餘船馬北南殊所
習始知古語信非虛

功德山 丁丑春二月

右拱平山嶠遐臨廿四橋古原詠文士今半屬禪寮
法雨鏡中落天花雲外飄憑牕尤暢意綠野潤新苗

蓮性寺 丁丑春二月

一朶花宮結淨因周環緑水漾波新歌臺畫舫何妨
閙恰是亭亭不受塵
慧因寺 丁丑春仲
竺蘭法宇緑川濱棹返平山一問津禪衲已知因是
慧試言慧復是何因
平山堂 壬午仲春
賢守建堂鄰大明江南山色與簷平家聲讓彼稱三
至朋盍欣茲近四并古往今來總佳話松風水月那
閒情林泉不異前巡況一卷眞教畫裏行
又絕句一首 壬午仲春

平山堂畔石欄圍甲乙由人弗是非三度頻臨收勿
幕勞民勸相慎幾微

又絶句八首 壬午

九峯園畔換輕舟古郡城西初度遊二十四橋雖莫
辨紫薇猶足緬風流

樓臺絲管廣陵擅廿里雙隄隙地無幼挈老扶恣瞻
就吾心所喜在斯夫

陪臣賀節大宛朝侍衛攜來不憚遥便許隨觀都踴
躍無文徑説踐紅橋

舟移岸轉換歌聲早見平山翠黛横五載流陰纔彈

眼越豪今日是吟情
一脈西來總蜀岡安名立字定何妨東山偏自稱功
德蓮界因之禮法王
瀑泉渟淴落雲空宛轉輕輿有路通對峙雙峯度雲
棧笑他望蜀太求工
山堂小憩引遐思論世端宜尚友茲漫惜梅花開未
盛看梅恰合是斯時
閏藏芳信待維揚霽旭和風了不涼緑蕙紅㮋争放
色平山今日識春光
再遊平山堂作 壬午仲春望前一日

時節逮花朝百卉舒韶光駐蹕有餘暇爰再遊山堂
遠迎坡梅紅近拂隄柳黃夾隄多名園時復一徜徉
偶佳輙留題好樂亦戒荒畫舫不知遥至止大明旁
逈出適所逢試問因何芳地勝究以人睪然懷歐陽
既乃怵然懼得毋誚馮唐

遊平山堂 壬午四月朔日

畫舫輕移汎水濱人思六一重遊廵陰陰葉色今迎
夏袞袞花光昨餞春巧法底須誇激水淳風惟是懋
投薪江南山可平筵望望豈因山因憶民

題蓮性寺作 壬午仲春

江都城北多陂澤水物由來清且奇瀟灑青蓮宇標性交蘆同悟合還離

題慧因寺作 壬午仲春

金粟如來是慧雲迴超緣覺與聲聞猶嫌靈運爲饒舌孟顗精勤底足云

平山堂絕句八首 乙酉

曉烟欲泮猶未泮山色如遙却不遙一路名園都可憩木蘭先泊倚虹橋

纜牽春水拍舟輕戟戟新蒲刺水生夾岸樓臺不知幾飄颻都在鏡中呈

澹蕩輕風靜碧淪堤籠絲柳拂船唇沿隄緹騎非嚴
蹕爲挈銀牌賜老人
春光滿眼已撩人梅白㮈紅倚翠筠屈指長橋過廿
四風流誰是紫薇倫
有時屧步有時舟幾暇聊成爛漫遊饒舌咄哉此言
失得閒吾豈樂天流
傍午徂雲忽放晴平山濯翠益分明吾寧徒爲遊山
計計到田功實暢情
綠竹參天一逕細白梅似海萬株多援毫題曰小香
雪大者淡句較若何

梅塢西鄰即蜀岡春風依舊坐山堂適來絲管真嫌
聒恰喜松風一掃涼

平山堂 乙酉仲春

欝律山堂倚碧嶒建時猶自紀廬陵甓薌佳勝七百
載嘯咏風流四五朋必有真能被民澤不然何以至
今稱重來拱讀
奎章煥旌淑原從漢詔徵

功德林 乙酉春月

竺宇平山左厥名功德林石磴雖不高亦足具四臨
右俯適來川絲管猶繁音左挹麥塍綠實覺娛吾心

視聽胥且置一思功德義譬如惠心者勿問孚惠意佛無物不度度亦不居惠是則功與德二字將何寄微覺調御笑語言實兒戲

再遊平山堂即景八首 乙酉二月

去時春仲來春暮真是春光馬上看祇有風流賢太守千秋名在碧峯端

北瞻崑軸廣陵南園倚虹橋鏡影涵設使武夷徵故事便當九曲自兹探

綠柳陰濃曲岸頭緩移畫舸惠風柔青琅玕館凝神盼誰道尋常竹有秋

侍衛銀牌賜老人渴恩便奪亦情真可知半日行春舫不爲閒遊爲省民
暖香明艷正含嘉幾架雲棚護惜加不讀盧陵歐氏序誰知天下有真花
麗日輕風喜朗晴麥田吐穗待秋成今朝功德山頭望始覺吾心暢快生
平皋池堂俯碧漣已看荷葉出田田傳花命酒圍嘉客高致當年在眼前
坐惟片刻未斜暉問景聽稱馳驛飛短句八章聊紀事足酬佳興可言歸

額

勅題法淨寺

蜀岡慧照（以上法淨寺）

衆香清梵（蓮性寺）

慧因寺

慈緣勝果（以上慧因寺）

天池（功德林）

小香雪（蜀岡）

高詠樓（本園）

水竹居

靜照軒以上水竹居

趣園本園

淨香園

怡性堂以上淨香園

倚虹園

致佳樓以上倚虹園

九峯園本園

聯

淮海奇觀別開清淨地

江山靜對遠契妙明心法淨寺

詩意豈因今古異
山光長在有無中 平山堂

綠水入澄照
青山猶古姿 功德林

竹裏尋幽逕
梅間卜野居 小香雪

山堂返棹留閒憩
畫閣開窗納景光 高詠樓

水色清依榻
竹聲涼入窗 水竹居

目屬高低石
步延曲折廊
何曾日涉原成趣
恰值雲開亦覺欣以上趣園
結念底須懷爛熳
洗心雅足挹清涼
雨過淨猗竹
夏前香想蓮以上淨香園
梛拖弱縷學垂手
梅展芳姿初試嚬

花木正佳二月景

人家疑住武陵溪以上倚虹園

雨後蘭芽猶帶潤

風前梅朶始敷榮

縱目軒窻繞野趣

遣懷梅柳入詩情以上九峰園

臣謹按以上各聯並

皇上御製

縈迴水抱中和氣

平遠山如蘊藉人趣園

竹喧歸浣女

蓮動下漁舟淨香園

明月松間照

清泉石上流倚虹園

名園依緑水

野竹上青霄九峯園〔臣謹按〕以上各聯並

皇上御書

碑

辛未春仲平山堂詩建亭平山堂園内

丁丑春仲平山堂詩同前

丁丑二月十日雨中遊平山堂詩接駕廳

丁丑春二月功德山詩建亭觀音寺右

丁丑春二月蓮性寺詩建亭大雄殿左

丁丑春仲慧因寺詩建亭寺右

梅花畫扇石刻平山堂

壬午春仲平山堂詩接駕廳

又絶句一首同前

又絶句八首平山堂石屏

壬午仲春望前一日再遊平山堂詩接駕廳

壬午四月朔日遊平山堂詩同前

壬午仲春題蓮性寺詩建亭大雄殿左

壬午仲春題慧因寺詩（建亭寺右）

乙酉仲春平山堂詩（接駕聽東首）

又絶句八首（真賞樓）

又平山堂即景八首（真賞樓）

乙酉春月功德林詩（觀音寺右亭内）

御書時和筆暢四字並臨定武蘭亭卷（平山堂）

御書峻拔爲主四字並臨吳琚説帖卷（功德林）

御書妙契凌雲四字並仿董其昌臨楊凝式詩卷（淨香園）

御書取徑眉山四字並臨蘇軾詩卷（水竹居）

御書有凌雲意四字並臨蘇軾書卷（趣園）

御書石牛禪悅四字並臨黃庭堅書卷倚虹園

勅題法淨寺五字刻石寺門

天池二字觀音寺右亭內

小香雪三字萬松亭

高詠樓三字

水竹居三字

靜照軒三字

趣園二字

淨香園三字

怡性堂三字

倚虹園三字

致佳樓三字

九峯園三字（以上俱各刻石園内）

御賜

御筆梅花扇一柄

御書時和筆暢四字並臨定武蘭亭卷

石刻生秋詩草書一卷（以上平山堂）

石刻心經並觀音像一軸

石刻心經塔一軸

福字三個（以上法淨寺）

御書峻拔爲主四字並臨吳琚說帖卷功德林

石刻金剛經塔一軸蓮性寺

又慧因寺

御書妙契凌雲四字並仿董其昌臨楊凝式詩卷

漢玉子母猨一座

白玉如意一握以上淨香園

御書取徑眉山四字並臨蘇軾詩卷水竹居

御書有凌雲意四字並臨蘇軾書卷趣園

御書石牛禪悅四字並臨黃庭堅書卷倚虹園

福字一個

石刻生秋詩一幅
石刻氷嬉賦一幅以上辛未年各園亭同
手珠一掛
鼻烟壺一個
荷包二個以上丁丑年各園亭同
福字一個
石刻得雪詩一幅
石刻九老會詩一幅
朝珠一掛
手珠一掛

帶牌一副

鼻烟壺一個 以上壬午年各園亭同

福字一個

石刻西師詩一卷

石刻開惑論一卷

朝珠二掛

椒手珠一掛

繡椒袋一個

藏香三束

鼻烟盒一個

鼻烟壺三個

鼻烟一瓶以上乙酉年各園亭同

臣謹按我

皇上四幸江南各官商邀

恩賞賜稠疊逾常今志惟有關園亭者備

載其餘不敢妄登庶昭敬慎云

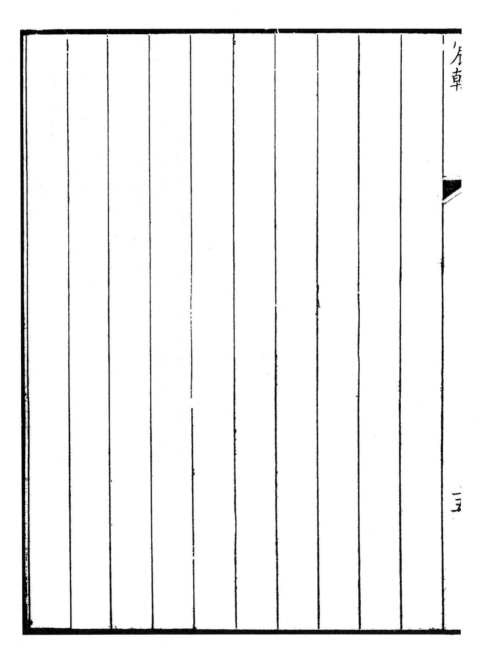

名勝全圖

圖一 蜀岡保障河全景

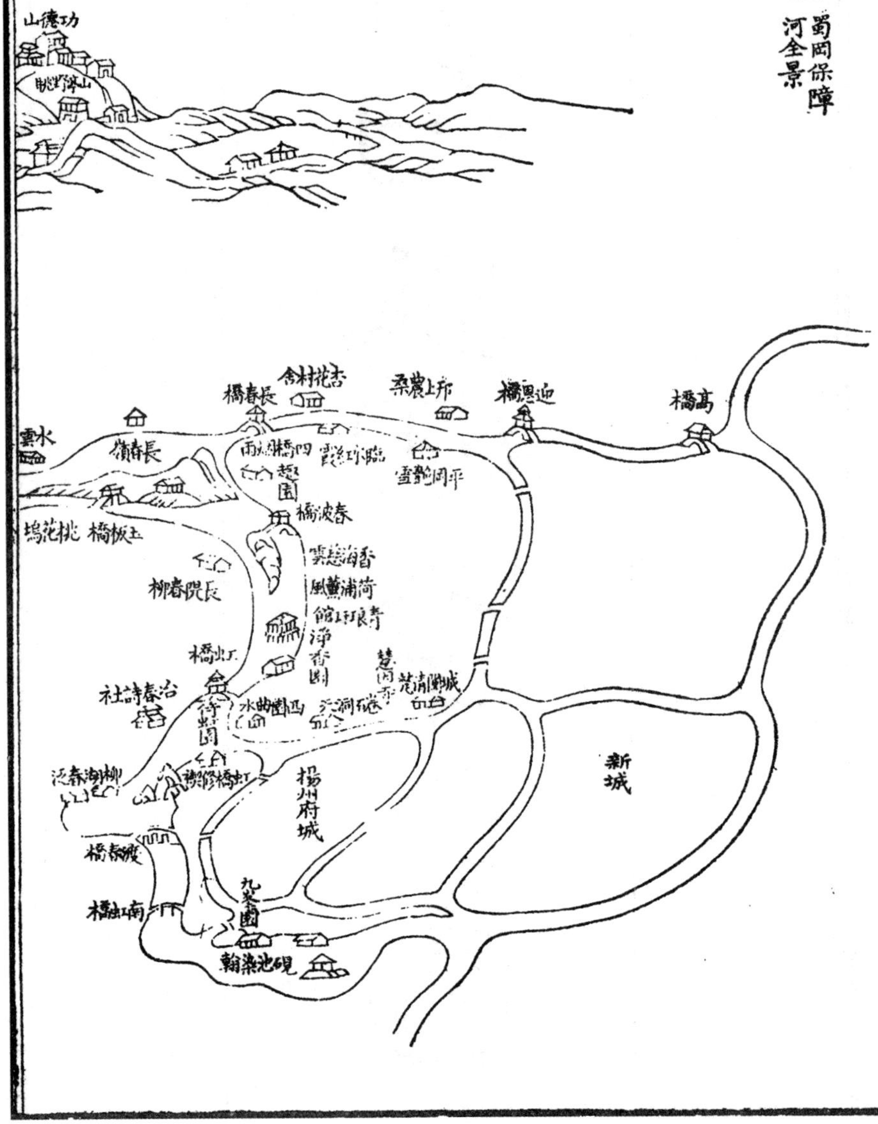

四四

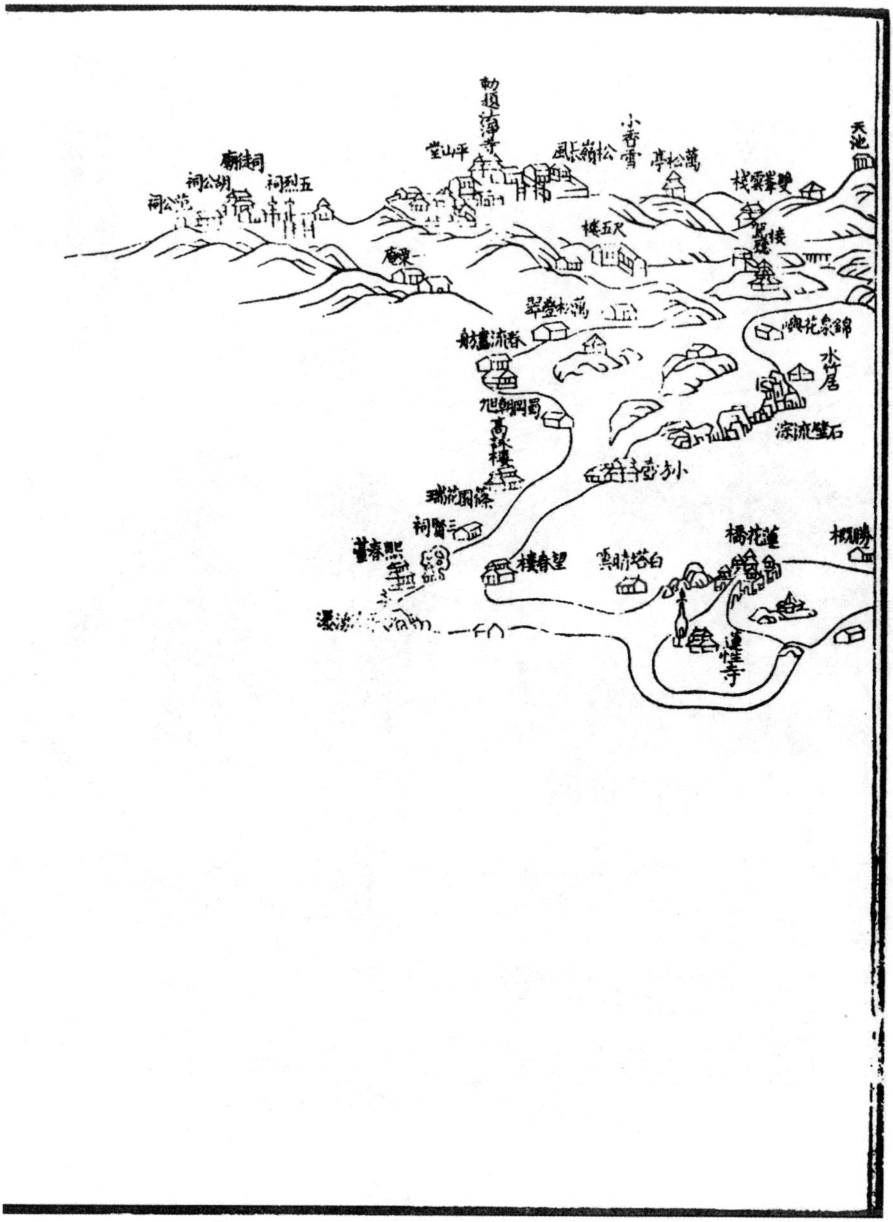

敕題法淨寺
平山堂
五烈祠
胡公祠
松嶺長風
小香雪
萬松亭
雙峯雲棧
天池
尺五樓
萬松疊翠
春流畫舫
錦泉花嶼
水竹居
石壁流淙
蜀岡朝旭
高詠樓
筱園花瑞
三賢祠
熙春臺
望春樓
白塔晴雲
蓮花橋
蓮性寺

圖二 由城闉清梵至蜀岡三峰再由尺五樓至九峰園

香悟亭
御碑亭

雙清閣
浮光亭

綠楊城郭
斗姥宮

芍園

卷石洞天
薜蘿水榭
玉山草堂
雲

夕陽紅半樓

委宛山房
契秋閣

修竹叢桂之室

西園曲水
水明樓
濯清堂
觴詠樓

新月樓

淨香園

青琅玕館
綠楊灣
春雨廊
御碑亭
浮梅嶼

怡性堂
荷浦薰風
天光雲影樓
春禊亭

秋暉書屋
涵虚閣

珊瑚林
春波橋
來薰室
浣香樓

香海慈雲
桃花池館
海雲菴

依山亭

迎翠樓

趣園
四橋烟雨
金粟菴
錦鏡閣
御碑亭

連漪閣

面水層軒

長春橋

水雲勝槩

春雨廊
臨青樓

勝野樓

小南屏
蓮花橋

白塔晴雲
花南水北堂
積翠軒

林香草堂

望春楼

西爽閣

水竹居

靜香書屋
小方壺

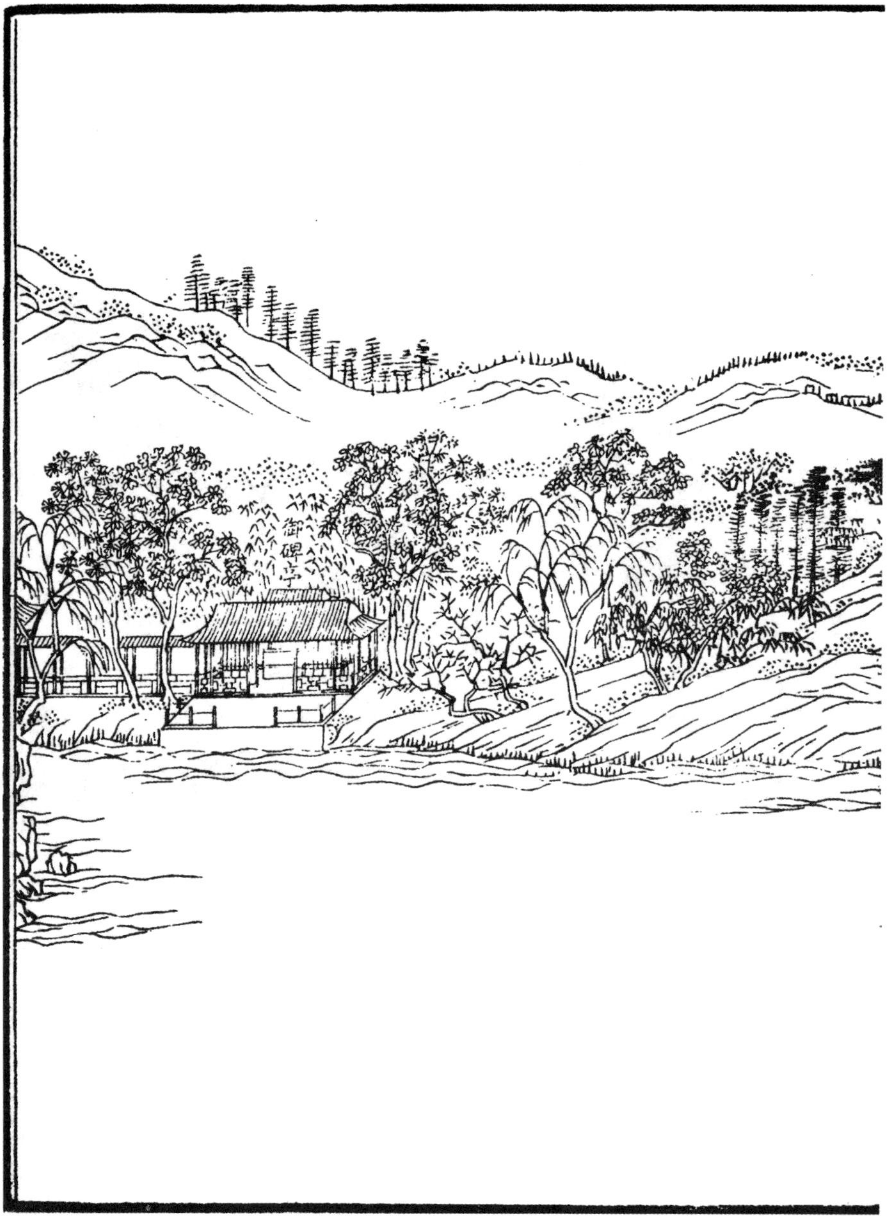
御碑亭

石壁流淙
清妍室

叢碧山房
閬風堂

碧云楼

水竹居
静沼轩

錦泉花嶼
菉竹軒

籠烟篩月之軒

香雪亭

錦雲軒

功德林觀音寺
蜀岡三峰
山亭野眺
芰荷深處

天池
環綠閣

雙峯院
聽泉樓
九曲池
松風水月橋

小香雪
接駕廳

敕題法淨寺
松嶺長風
平遠樓

平山堂
西園
北楼
御碑亭
水亭
第五泉

一粟菴

司徒廟
御碑亭

范公祠
胡公祠

尺五樓
十八峰草堂
釣舫

尺五樓
延山亭

萬松疊翠
綠雲亭

曠觀樓

桂露山房
春流畫舫

蜀岡朝旭
草香亭

射圃

青桂山房

高詠樓
含青室
初日軒

數椽瀟洒臨溪屋
流香艇
曠如亭

來春亭

篠園花瑞
三賢祠
仰止樓
瑞芍亭
舊雨亭

補亭

熙春臺

平流湧瀑

玲瓏花界

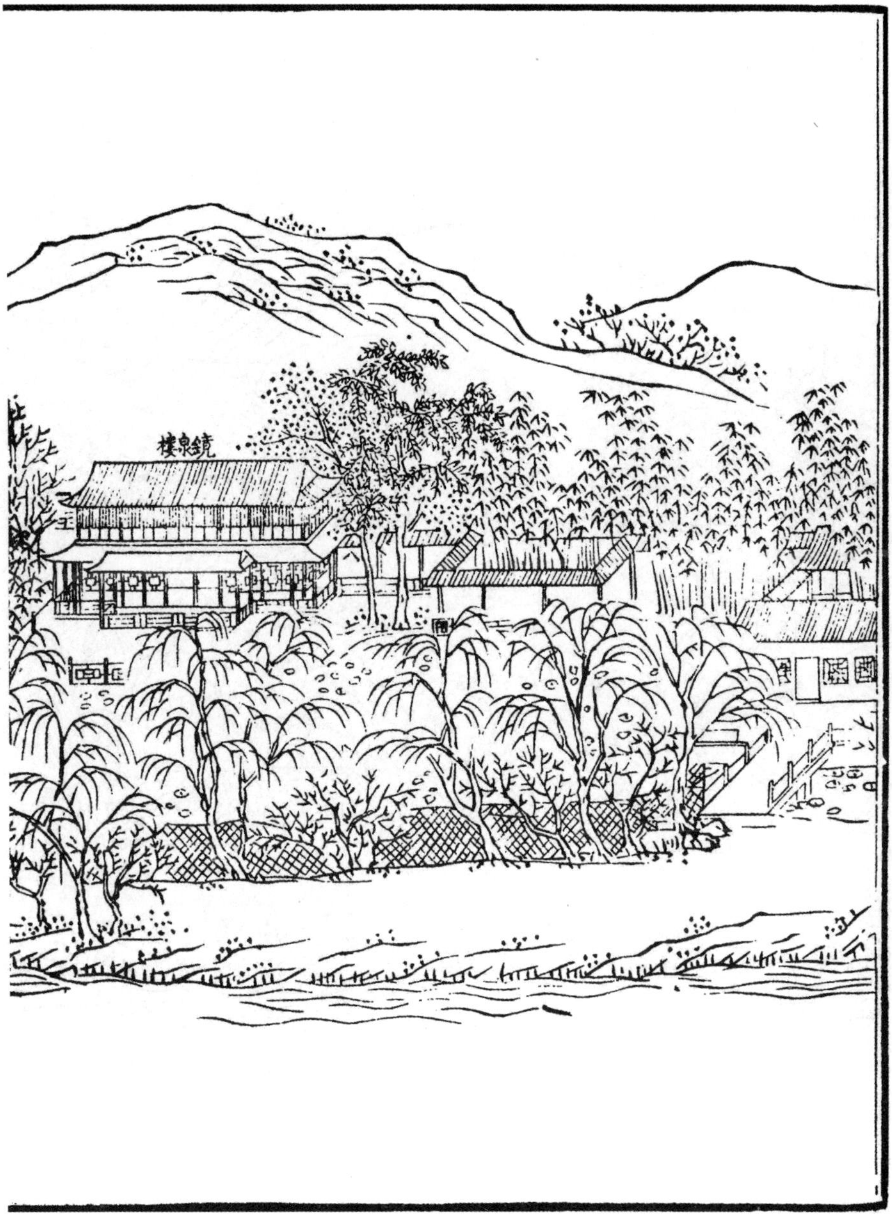
鏡泉樓

蓮性寺

御碑亭
白塔
得樹厰
雲山閣
夕陽雙寺樓
蓮花橋

法海橋
中川亭

桃花塢
蒸霞堂
縱目亭

長春嶺
研峯館

關聖廟
玉板橋
梅嶺春深

韓園

長堤春柳
曉烟亭
曙光樓

濃陰草堂
浮春檻

跨虹閣

雲構亭
治春詩社
歐譜亭
香影樓
虹橋

秋思山房
台春楼

懷仙館

柳湖春泛
流波華館
小江潭

度春橋

倚虹園
妙遠堂
餞春堂
飲虹閣

致佳楼
凿碧楼

韵芳軒
修禊楼

南虹橋

古渡橋

九峰園

硯池染翰
凤將閣

玉玲瓏館
梅花書屋

雨花菴
穀雨軒

圖三　迎恩河東岸

穆敦

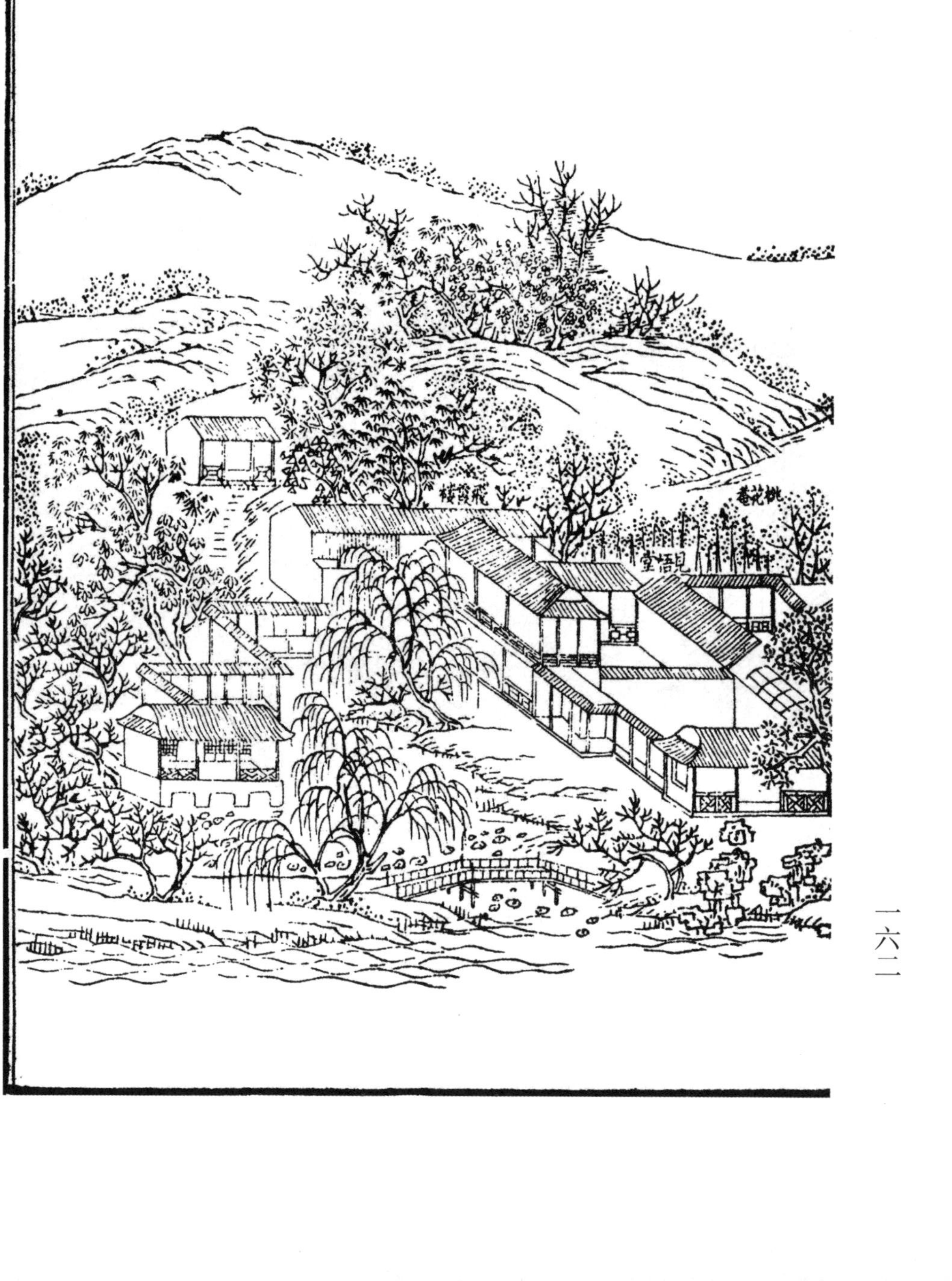
飛霞樓
桃花庵
見悟堂

平岡艷雪
桐軒

臨流映壑

艷雪亭

迎恩亭

迎恩河西岸圖四
邗上農桑

倉房

杏花村舍

染色房
練絲房

聽機樓
經絲房
螺祖祠

又同行人題廿五廿六日見
廿三廿四又質監
八月十六日拆字府安

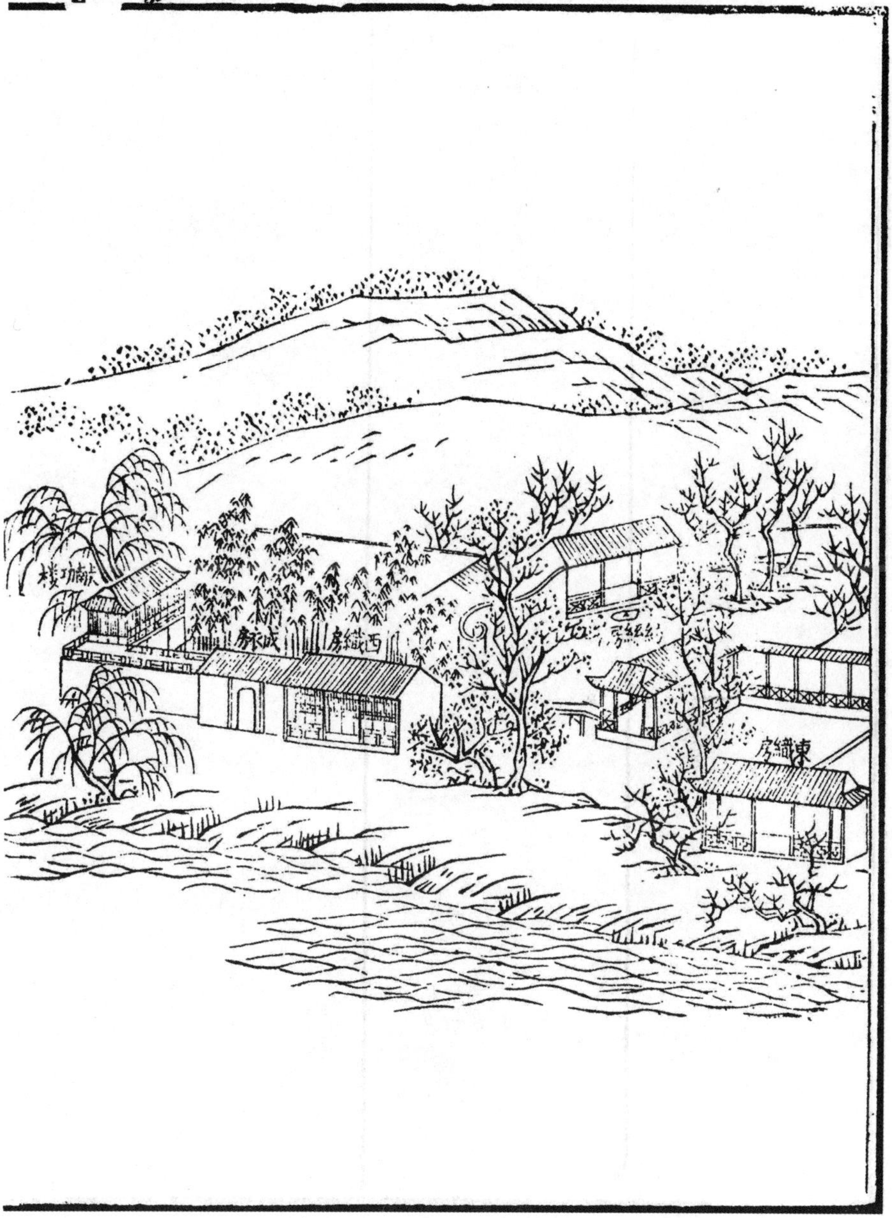

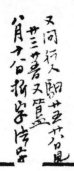

平山堂圖志卷第一

寧夏趙之壁編纂

名勝上

蜀岡（顧祖禹讀史方輿紀要）在府城西北四里西接儀徵六合縣界東北抵茱萸灣隔江與金陵相對（洪武揚州府志）揚州山以蜀岡爲首（嘉靖志）蜀岡上自六合縣界來至儀徵小帆山入境綿亘數十里接江都縣界迤邐正東北四十餘里至灣頭官河水際而微其脉復過泰州及如皋赤岸而止（祝穆方輿勝覽）舊傳地脉通蜀故

曰蜀岡陸深知命録蜀岡蓋地脉自西北來一起一伏皆成岡陵志謂之廣陵天長亦名廣陵以與蜀通故云姚旅露書爾雅釋山云獨者蜀蜀蟲名好獨行故山獨曰蜀汶上之蜀山維揚之有蜀岡皆獨行之山也府志蜀岡一名崑岡鮑照賦軸以崑岡故名樂史太平寰宇記按郡國志云州城置在陵上爾雅云大阜曰陵一名阜岡一名崑岡鮑照蕪城賦云拖以漕渠軸以崑岡河圖括地象云崑崙山橫爲地軸此陵交帶崑崙故曰廣陵也今按朱子語類云岷山夾

江兩岸而行一支去爲江北許多去處又云自
嶓冢漢水之北生下一支至揚州而盡正謂蜀
岡也蜀岡綿歷數縣至揚州城西北大儀鄉豐
樂區三峯突起中峰爲平山堂棲靈寺西峯爲
聖祖御碑亭五烈祠司徒廟及胡范二祠東峰最高爲功
德山觀音寺其古蹟有邗溝城春秋左氏傳吳
城邗溝通江淮杜預注今廣陵邗江是太平寰
宇記城在州西四里蜀岡上又周小城讀史方
輿紀要周克揚州顯德五年使韓令坤鎭之州
故城西據蜀岡北抱雷陂令坤以城大難守築

故城東南隅爲小城治之又平山堂城宋史李庭芝傳庭芝鎭揚州以平山堂瞰州城敵至構望樓於上張弓弩以射城中因築城包之又新亭南史沈慶之傳竟陵王誕舉兵廣陵慶之進新亭逼之方輿紀要新亭在蜀岡上今俱不存

平山堂讀史方輿紀要在府西北五里蜀岡上程夢星平山堂小志宋慶歷八年二月廬陵歐陽修守揚州時爲堂於大明寺之坤隅江南諸山拱揖檻前若可攀躋故名曰平山堂嘉祐初修遷翰林學士知制誥新喻劉敞知揚州有登平

山堂寄永叔内翰詩八年直史館丹陽刁約自
工部郎中領府事踰年撤堂而新之又封其庭
中爲行春臺察訪使錢塘沈括爲之記隆興元
年長興周淙由濠梁守進徽猷閣師維揚起其
廢内翰鄱陽洪邁記之淳熙間龍圖趙子濛嘗
加修葺承宣鄭興裔更增大之慶元間右司郎
中糜師旦移柳數十本屬揚帥趙子固爲補植
嘉定三年大理少卿趙師石除右文殿修撰起
帥于揚始復堂之舊觀寶慶間史巖之更修葺
之元及明初堂之興廢不可考萬歷間烏程吳

秀領郡事重修之司李章邱趙拱極爲之記
國朝康熙元年土人變制爲寺以堂爲前殿十二年山
陰金鎮知揚州府事邑人刑部主事汪懋麟謀
重建平山堂於鎮十三年堂成置酒召客四方
名賢至者數十人蕭山毛奇齡寧都魏禧郡人
宗觀及鎮與懋麟皆有記會鎮遷驛傳道十四
年過揚郡屬懋麟拓堂後地建眞賞樓祀宋諸
賢於上堂下爲講堂堂前臺高數十尺復行春
之舊顏其門曰宋歐陽文忠公書院今按自宋
迄今數百年堂之廢興大概可考者如此乾隆

元年光禄寺卿汪應庚重建增置洛春堂於眞
賞樓後又於堂之西爲西園應庚之子知寧波
府起時加修葺乾隆十五年二十一年二十六
年二十九年應庚孫奉宸苑卿立德按察使秉
德益廓而大之先是康熙甲子歲恭逢
聖祖仁皇帝翠華臨幸
賜額賜詩乙酉丁亥再
賜堂額乾隆辛未丁丑壬午乙酉我
皇上四幸江南詩文聯額
寵錫逾常銀牓璇題光昭雲漢今俱敬謹録冠卷首以

識斯堂遭遇之隆千古所未有也

行春臺按臺在平山堂前宋丹陽刁約建

國朝金鎮仿其制重建臺上植梧桐數十本臺下東西繚以長垣蓺諸卉果汪應庚又重加修葺種老桂百餘株露冷秋高香聞數里

眞賞樓按在平山堂後康熙乙卯金鎮汪懋麟同建取宋歐陽修詩遙知爲我留眞賞之句以名之祀修及蘇軾諸賢於上秀水朱彝尊爲之記曲阜孔尚任改題曰晴空閣義取平山闌檻倚晴空亦修句也後以新城王士正及鎮與懋麟

皆配祀焉

洛春堂按在眞賞樓後汪應庚建應庚平山攬勝志堂前後疊石爲山種牡丹數十本花時讌賞羣屐咸集

平山堂西園亦應庚等建園在蜀岡高處而池水淪漣廣踰數十畝池四面皆岡阜遍植松杉榆柳海桐鴨脚之屬蔓以藤蘿帶以梅竹夭桃文杏相間映發池之北爲北樓樓左爲

御碑亭內供

聖祖書唐人絕句我

皇上御書諸碑刻樓前東南數十步爲瀑突泉高可丈
餘如驚濤飛雪觀者目眩樓西度板橋由小亭
下循山麓而南又東有屋如畫舫浮池上遥與
北樓對舫前爲長橋數折以達於水亭亭在池
中建以覆井井即應庚濬池所得謂即古之第
五泉者也亭前兀起爲荷廳築石梁以通往來
舫後南緣石磴循曲廊東轉緣山而下臨池爲
曲室數楹修廊小閣別具幽邃之致閣東復緣
山循池而東山上有小亭過其下折而北穿石
洞出明徐九皋書第五泉三字刻石在洞中洞

上爲觀瀑亭亭後又北爲梅廳西向廳前列置奇石石上有泉即明釋滄溟所得并金壇王澍書天下第五泉五字刻于石泉以南數步又一瀑突泉與廳對園中瀑突泉二以擬濟南泉林之勝無多讓焉泉北逾山徑由石磴延緣而上東至於平山堂

第五泉張又新煎茶水記刑部侍郎劉公伯芻稱較水之與茶宜者以揚州大明寺水爲第五張邦基墨莊漫録元祐六年七夕東坡時知揚州與發運使晁端彦吳倅晁无咎大明寺汲塔院

西廊井與下院蜀井水較其高下以塔院水爲
勝小志第五泉在平山堂西明景泰間有僧智
滄溟行脚至揚郡守王宗貫衛使李鎧等爲之
結茅於平山堂側掘地得井内有残碑刋大明
禪寺數字嘉靖中巡鹽御史餘姚徐九臯書第
五泉三字光禄寺丞郡人火坤建亭泉上
國朝康熙間太守金鎮重建攬勝志乾隆二年應庚鑒
山池得古井圍十五尺深二十丈較智僧所濬
者廣狹既異而泉復清美過之中有唐景福錢
數十文有古磚刻殿司二字詳其地正墨莊漫

録所謂塔院西廊也（小志又云）古井在山巔當是西廊井新井卑下去山堂甚遠當是下院井古井清甘而冽新井雖清較遜古井知味者必能辨之（今按）兩泉並在平山堂園内汪應庚志則謂濬池所得井爲古之第五泉程夢星志則謂明僧所得井爲古之第五泉而以新得井爲下院蜀井據墨莊漫録但兩井並稱亦不言孰爲第五泉可知在宋時已無定説況今兩井俱得自近代古之第五泉果復出人間與否不可得而知也姑存其説以備考宋時泉上有美泉

亭歐陽修建（修集自注）大明井美泉亭今無可
考
法淨寺（按）即古棲靈寺又稱大明寺乾隆三十年
我
皇上
臨幸
賜今名（寶祐志）大明寺即古之棲靈寺在縣北五里又
名西寺寺枕蜀岡上舊有浮圖九級見於大觀
圖經（小志）宋孝武紀年以大明此寺適刱於其
時故曰大明寺棲靈之名見於唐劉長卿諸人

詩似在大明之後志云大明寺即古之棲靈寺則棲靈又似在大明前未知所據〔釋贊寧高僧傳〕釋懷信者居廣陵初無奇迹會昌三年武宗將欲堙滅教法有淮南劉隱之薄遊四明旅泊之宵夢中如泛海焉迴顧見塔一所東渡是淮南棲靈寺塔其塔第三層見信與隱之交談且曰暫送塔過東海數日隱之歸揚州即往謁信信曰記得海上相見時否隱之了然省悟後數日天火焚塔俱盡〔嘉靖志〕宋景德中僧可政復募民財建塔七級名曰多寶郡守王化基以聞

於朝賜名普惠既而塔與寺俱圮〔又小志〕明萬歷間郡守吳秀即其址建寺復圮崇正間巡漕御史楊仁愿重建

國朝順治間郡人趙有成募捐增修〔今按〕雍正間汪應庚再建前殿後樓山門廊廡庖湢皆具金壇蔣學正衡書淮東第一觀五大字刻石門外又於寺之東建藏經樓雲蓋堂平樓樓之後迤東北蜀岡上建萬松亭乾隆十五年以後其孫立德秉德屢經修建制度益加宏敞矣先是

聖祖仁皇帝臨幸茲寺

賜澄曠二字額又
賜內織綾旛一首我
皇上四舉時巡聯額詩章屢
頒墨寶今俱敬謹珍藏供奉寺舊有谷林堂（嘉靖志）宋元祐中蘇軾建軾詩深谷下窈窕高林合扶疎因以名堂今不存寺之前有清平橋一名砲石橋明成化間揚州衛指揮同知陳昱造今住持澄朗募修

雲蓋堂（攬勝志）堂五楹上爲藏經閣取內典香雲成蓋之義以名之堂之地棲靈寺塔基也

平遠樓按即應庚所建平樓其孫立德等增高爲三級飛檻淩虛俯視鳥背望江南諸山尤歷歷如畫郭熙山水訓云自近山而望遠山謂之平遠平遠之意冲融而縹緲因以平遠名之樓之後爲關帝樓又東爲東樓樓之景曰松嶺長風

由東樓而下曰小香雪

萬松亭小志在棲靈寺東蜀岡上山舊有松爲寺僧所伐雍正八年應庚復補植十餘萬株因建亭于高處名曰萬松三城之勝全淮之雄一望在目按亭下水中山際爲接

駕臨

觀音寺（小志）即觀音閣宋寶祐志作摘星寺明高宗本維揚志云即古摘星亭址按秦少游有上平山堂遂登摘星寺之語則宋時爲摘星寺元至元間僧中律結菴於此明洪武己未僧惠整建觀音寺乙亥重造山門題曰功德山正統丁巳僧善緣重修復建山門曰雲林兩淮運使四明嚴貞爲記

國朝乾隆六年邑人汪應庚鼎新之（今按）觀音寺在蜀岡東峯最高處古摘星亭一稱摘星樓方輿勝

覽云摘星樓在城角江淮南北一覽可盡者是
也嚴貞記云欽賜蔣山八功德水塑觀音像並
地藏像馳驛至山因稱功德林又稱功德山明
董穀碧里雜存云鍾山孝陵即寶誌瘞所舊有
八功德水劉誠意奏改葬寶誌水亦隨往太祖
異之爲建靈谷寺使太常致祭焉功德山觀音
像塑於洪武己未則八功德水尚稱蔣山宜也
乾隆二十一年通奉大夫程栴重修其子按察
司玓布政司理問瓚壘加修葺規模煥然丁丑
壬午乙酉歲我

皇上臨幸再
賜詩章俱敬謹勒于石又於寺西恭建碑亭
御書石刻供亭内亭後爲門爲廡爲正廳廳右曲室數
折有小池畜文魚數百頭臨池爲屋
御書天池二字額敬懸屋内再數折由石路西下至山
麓山之景一曰山亭野眺山之麓曰九曲池池
之古蹟曰風亭月觀吹臺琴室南史徐湛之傳
元嘉二十四年湛之出爲南兖州刺史廣陵城
北有陂澤水物豐盛湛之更起風亭月觀吹臺
琴室果竹繁茂花藥成行招集文士盡遊玩之

適太平寰宇記並在池側又九曲亭九朝録宋藝祖破李重進駐蹕蜀岡寺有龍鬭于九曲池命立九曲亭以紀其事又稱波光亭江都縣志乾道二年郡守周淙重建以波光亭扁揭之陳造有賦已而亭廢池塞慶元五年郭杲命工濬池引注諸池之水建亭於上遂復舊觀又築風臺月榭東西對峙繚以柳陰亦一時勝境也又五龍廟一作九龍廟府志在九曲池側宋陳造有記又借山亭府志宋熙寧閒郡守馬仲甫於九曲池築亭名曰借山有詩云平野緑陰蔽亂

山青黛浮亭圯向子固重建又竹心亭（縣志）一名半山在借山亭下茂林修竹間宋淳熙二年吳企中建今俱不存池之景一曰雙峰雲棧

聖祖御碑亭（按）在蜀岡西峰之左（小志）揚州知府高承爵建康熙二十八年

聖祖南巡

賜承爵

御製靈隱詩一幅承爵勒石建亭以奉

五烈祠（按）在蜀岡西峰（小志）舊爲雙烈祠康熙四十六年鴻臚寺丞李天祚中書吳菘州同江世

楝等建祀池霍二烈女雍正十一年甘泉令錢塘龔鑑邑人汪應庚重建增祀裔程周三烈婦爲五烈祠又按五烈墓即在祠側事跡詳龔鑑所撰祠碑又有卓氏四烈墓事跡詳翰林院侍講彭定求所撰墓銘並載藝文墓銘爲編修汪士鋐書石刻藏司徒廟又有郭烈婦徐氏墓小志烈婦甘泉郭宗富妻居臨街小屋郭晨出婦獨處有儲淳者入挑之以手拍婦肩婦大聲聞於鄰獲免郭暮歸婦訴其事未發詰朝郭再出婦忿恚自經死邑令龔鑑寘儲於法詳請

旌表祀於貞節祠葬之五烈墓側

司徒廟〔按〕在五烈祠西〔南史王琳傳〕琳赴壽陽城陷被執陳將吳明徹殺之城東北二十里傳首建康懸之於市琳故吏梁驃騎府倉曹叅軍朱瑒致書陳尚書僕射徐陵求琳首許之與開府主簿劉韶慧等持其首還于淮南權瘞八公山側瑒等乃間道北歸別議迎接尋有揚州茅智勝等五人密送喪柩達于鄴〔增補搜神記〕揚州英顯司徒茅許祝蔣吳五神居揚州日結爲兄弟好畋獵其地舊多虎狼人罹其害山溪畔遇

一老婦五神詢問子然無親饑食溪泉五神請于所居之廬拜呼爲母侍養未久五人出獵而歸不見其母五人曰多被虎噉俱奮身逐捕山間有虎迎前伏地就降由此虎患始息后人思其德義立廟祀之凡所祈禱隨求隨應廟今在江都縣東興鄉金匱山之東至隋時封司徒唐加侯號宋紹定辛卯逆賊李全數來寇境禱于神不吉以神像割剖之不三日全被戮于新塘肢體散落猶全之施于神者賊平帥守趙范親率僚屬致享祠下以荅神貺撤其廟而增廣之

録其陰助之功奏請于朝賜廟額曰英顯加封至八字後平章賈似道來守是邦有禱于神者遇旱暵則飛雨憂霖潦則返照救焚則熖滅散雪則瑞應其護國祐民無時不顯復爲奏請加封王號陸容菽園雜記廣陵之墟有五子廟云是五代時羣盜嘗結義兄弟流刼江淮間衣食豐足皆以不及養其父母爲憾乃求一貧嫗爲母事之甚孝凡所舉動惟命是從因化爲善鄉人義之殁後且有靈異因爲立廟攬勝志司徒事蹟莫考搜神菽園所載似屬俗傳證以南史

于理頗合然未敢臆斷姑存以俟考〔小志〕江都
有廟不知始自何時元江淮路總管成鐸題其
碑曰司徒靈顯感應之碑而無碑文〔萬歷江都
縣志〕洪武十六年重建正統成化間相繼修嘉
靖六年巡鹽御史雷應龍毀之立胡安定祠後
土人復立廟於祠東〔又小志〕明正德萬歷間皆
嘗重修右都御史金獻民揚州郡守吳秀皆有
記
國朝康熙三十一年縣令熊開楚因旱禱雨有應爲立
廟碑雍正十一年春雨浹旬郡守尹會一過廟

祈晴霽立應入夏彌月不雨又虔告於廟甘雨
大沛因陳牲昭報並檄行縣令每歲春秋永遠
致祭（又按）南史稱揚州茅智勝而通鑑作壽陽
蓋爾時壽陽隸揚州淮南郡而今之揚州則東
廣州廣陵郡也壽陽在晉宋間或爲揚州或爲
豫州梁太清二年屬魏稱揚州北齊因之琳事
在齊武平四年此後壽陽遂爲陳有復稱豫州
矣瑒等雖致琳首還壽陽權瘞於八公山側而
未能即持其喪至鄴方間道北歸别議迎接而
五人乃能瑒等之所不能其義烈有足多者琳

前鎮壽陽頗多遺愛此五人者實壽陽之義民今乃不祀於壽陽而揚州爲立廟豈神所歆哉揚州地勢平衍而壽陽多山即以驅虎事言之亦不當誤以壽陽爲今之揚州也增補搜神及菽園二記所載皆無足置辨明萬歷間重修者再其一爲經理鹽政御馬監太監魯保有記刻石在廟中舊志特以中官故没其名耳廟前迤東南山麓有小菴曰一粟菴

一粟菴（按）菴之名始見於程夢星小志雖堂宇無多而林木幽深頗堪延賞

范公祠按在司徒廟西小志明崇正間巡按御史
范良彥建祀宋參知政事資政殿學士范仲淹
以公四子守將作院主簿純祐觀文殿大學士
純仁尚書右丞左朝議大夫純禮徽猷閣待制
純粹爲配
國朝康熙初增祀公後裔太傅兼太子太師內秘書院
太學士文程贈太子少保兵部尚書浙閩總督
承謨雍正間邑人汪應庚重修并作記
胡公祠按在范公祠西知命録嘉靖十四年二月
二十一日入關曉出西門過胡安定祠乃舊司

徒廟改作其東別作司徒廟未成（縣志）明嘉靖六年巡鹽御史蒙化雷應龍巡按御史王鼎撤司徒像改祀宋太常博士安定胡瑗令有司春秋祭祀給其裔孫胡鯨胡璲衣巾爲生員世守其祠（小志）二十一年巡鹽御史南昌胡植郡守歸安朱懷幹增祀宋兵部侍郎知溫州竹西王居正秘閣修撰樂菴李衡爲三先生祠胡植爲之記繼又增祀明安福丞泗泉李樹敏南京國子監丞艾陵沈珠爲五先生祠

國朝康熙間江都令秀水項維聰重修雍正間邑人汪

應庚繕葺之（又按）祀李樹敏沈珠爲五先生祠
事在萬歷四十七年邑中紳士籲請得之者也
砲山河（小志）一名保障河一名保障湖在平山堂
下歲久淤淺
國朝雍正十年郡守尹會一募捐重濬（今按）揚州西山
諸水萃於四塘四塘者句城塘小新塘大小雷
塘也歲久俱佃爲田水無所容聚蜀岡東北爲
湖由兩峯間注九曲池徑雙峰雲棧滙蜀岡前
繞接
駕廳徑尺五樓而南分爲三渠繞中流二小渚復合西

岸爲萬松疊翠其右爲春流畫舫前爲高詠樓
樓之景曰蜀岡朝旭又前爲三賢祠祠之景曰
篠園花瑞祠西數十步爲紅藥橋俗所稱廿四
橋者也又前爲熙春臺臺之右爲平流湧瀑東
岸爲錦泉花嶼石壁流淙其左爲小方壺前爲
望春樓樓與熙春臺對河至此折而東又分爲
二北徑白塔晴雲由蓮花橋下繞夕陽雙寺雲
山閣至水雲勝槩南繞蓮性寺由法海橋下稍
北至桃花塢復合滙長春嶺西又分爲二南徑
玉版橋下北至長春橋復合又疏爲二渠其一

東流經長春橋下是爲迎恩河又稱草河北岸爲杏花村舍邗上農桑南岸爲臨水紅霞平岡豔雪由迎恩橋至高橋以達于運河其一南流西岸爲韓園長堤春柳東岸爲趣園園之橋曰春波園之景二曰四橋烟雨其一即水雲勝槩也又前爲淨香園園之景三曰香海慈雲荷浦薰風青琅玕館直南爲虹橋虹橋以南河又分爲二其一南流經冶春詩社繞倚虹園西再經柳湖春泛由度春橋南虹橋以至於硯池其一東流南經倚虹園是爲虹橋修禊其北岸爲西

園曲水卷石洞天河又分爲二即揚州城西北濠其一東流徑芍園城闉清梵斗姥宫慧因寺繞鎮淮門迤邐以達於運河其一南流繞倚虹園東歷通泗門至古渡橋稍折而西又南與硯池合池之北爲九峰園園之景曰硯池染翰河由硯池再折而東至響水橋以達於運河河自尹會一重濬後乾隆十五年二十年二十六年巡鹽御史吉慶普福高恒疊經挑濬加深廣曲折點綴園亭栽植桃柳遊者如在山陰道中步步引人入勝如身入小李將軍畫圖金碧輝煌

目不暇賞廣陵佳麗於斯稱極盛焉

平山堂圖志卷第一

平山堂圖志卷第二

寧夏　趙之壁　編纂

名勝下

小香雪舊稱十畝梅園汪立德等所闢乾隆三十
年我
皇上臨幸
賜今名又
賜竹裏尋幽徑梅間卜野居一聯其地在蜀岡平衍處
由法淨寺東樓石磴而下北折有橋架天然樹
爲之橋上甃以卵石過橋穿深竹徑東轉數十

步臨池南向爲草屋參差數楹繞池帶以高柳
柳外種梅梅間爲石徑東接於萬松亭
御書小香雪三字刻石亭内
松嶺長風亦立德等所葺法淨寺東樓與萬松亭
對蜀岡一曲列若几案松濤振響六時到耳不
絶
雙峰雲棧在功德山西程玓所構也蜀岡相傳地
脉通蜀故此建棧道以擬之由萬松亭東歷石
級而下北過棧道循山腰東度石梁南折過棧
道至聽泉樓樓跨九曲池上與石梁對其地即

古九曲亭舊址也樓後緣山數折爲香露亭山上下皆種梅左右叢桂森翳故以名之循山而南爲環綠閣閣背山臨水右帶蜀岡左眺平野九曲池水飛流湧瀑數疊至閣前入保障河遂成巨浸矣閣下有橋曰松風水月橋巡鹽御史高恒書松風水月四字磨刻崖石

山亭野眺程瓚建在功德山半下爲大道前臨保障河左右映帶爲萬松亭尺五樓其後東望極目千里如皋赤岸通州五山皆近出履舄下亭左歷小山西折而下有小亭亭前爲南樓樓前

修竹叢桂蓊然鬱然樓南爲深竹廳廳左土山
蜿蜒即與山亭接者也山之後爲荷池臨池爲
草屋數椽顔曰芰荷深處
按以上各景並在蜀岡
慧因寺府志舊名舍利律院在北門外宋寶祐間
建
國朝順治十七年
世祖章皇帝御書敬佛二字
賜僧具足僧奉歸敬懸大殿乾隆十六年
皇上御舟過寺

賜今名又

賜七言詩一首建亭刻石

斗姥宫在慧因寺右〔府志〕

國朝康熙三十四年

御書賜大智光三字額

城闉清梵按察使署衡永郴道畢本恕鹽課提舉

閔世儼與慧因寺斗姥宫俱疊經修建寺右臨

河爲

御碑亭亭右爲香悟亭蓋取釋氏聞木樨香來之義再

右爲涵光亭亭右爲雙清閣閣右爲荷池池右

古松參天與榆槐相間松下有亭曰聽濤斗姥宮在其後又西爲曲廊水榭低貼水際其北爲邃室室西長廊數折爲廳額曰綠楊城郭廳左爲棲鶴亭老松數株鶴巢其上故名廳前稍右西出爲芍園

芍園種花人汪氏所居門臨水際舍舟而登由長廊以西爲舫屋額曰溪雲朱子書也屋後爲花田廣盈數畝高樓峙其北

卷石洞天本員氏園址奉宸苑卿洪徵治別業北倚崇岡陟級而下右轉爲正廳前爲曲廊廊左

迤南爲玉山堂廊右爲薜蘿水榭後臨石壁緣石壁以西一帶小亭高閣悉依山爲勢藤花修竹披拂縈繞對岸爲夕陽紅半樓樓右皆奇石森列樓西度石橋有巨石兀峙鐫拳石洞天四字於上與北岸一水相望非舟不能渡其北岸高閣以西少前爲邦秋閣又西爲平臺臺上爲牡丹廳廳右爲宛委山房前對長廊廊右爲方廳廳後爲小池蓄文魚山閣踞其上池右小室鱗次循廊以西其北爲半山亭南爲修竹叢桂之堂堂前爲石臺堂後則自東至西皆石壁也

石壁盡處爲樓樓右爲曲室數重其前爲土山
種梅其西臨水爲屋顔曰丁溪水分流如丁字
也土山以西爲射圃隔岸與倚虹園
御書亭對
西園曲水本張氏故園副使道黄晟購得之加修
葺焉其地當保障湖一曲對岸又昔賢修禊之
所因取禊序流觴曲水之義以名之園在卷石
洞天之右臨河爲觴詠樓樓後爲濯清堂堂左
曲室數重堂後穿竹徑迤西爲水榭堂右爲土
山植叢桂山以南爲歌臺臺西由曲廊北折爲

新月樓樓右爲拂柳亭亭右由長廊再折而北臨池南向爲樓仿西域形製曰水明樓樓左一帶高樓邃閣繞濯清堂而東前與曲室相接

虹橋吴綺揚州鼓吹詞序在城西北二里崇正間形家設以鎖水口者朱闌數丈遠通兩岸雖彩虹卧波丹蛟截水不足以喻而荷香柳色曲檻雕楹鱗次環繞綿亘十餘里春夏之交繁弦急管金勒畫船掩映出没于其間誠一郡之麗觀也按虹橋舊以板爲之乾隆元年郎中黄履昴改建爲石橋十五年以後巡鹽御史吉慶普福

高恒俱經重建
淨香園奉宸苑卿江春别業乾隆二十七年我
皇上臨幸
賜今名又
賜結念底須懷爛熳洗心雅足契清涼竹喧歸浣女蓮
動下漁舟二聯三十年又
賜雨過淨猗竹夏前香想蓮一聯又
賜怡性堂三字額園分三景曰青琅玕館荷浦薰風香
海慈雲園門在虹橋東入門修篁夾植轉竹扉
循隄而至一堂内奉

御書淨香園額堂面西臨湖堂右穿竹徑至青琅玕館
箖箊千竿大小石峰矗立交翠亭午溫風不爍
由曲廊而出有屋如船曰竹舫啟窗西望湖中
小山曰浮梅嶼嶼上有亭翼然中安
御書淨香園石刻由竹舫而北爲春雨廊廊之半爲綠
楊灣其前石矼蜿蜒水中爲春禊亭其旁爲肄
射之所地平如砥左竹右杏歷階而上曰怡性
堂
皇上御題額也堂左仿泰西營造法爲室五重東面直
視若一覽可盡及身入其中左右數十折不能

竟重室之末左出小廊有屋如半矩曰翠玲瓏
閣右折而北有小池畜文魚過此則入船屋又
出小曲廊疊石引泉面南有小亭曲水流觴繞
堦下亭後右出爲半閣閣下爲堂堂前廣庭列
蒔梅花玉蘭假山皆作大斧劈皴其後楹則爲
蓬壺影堂之側曰天光雲影樓樓後朱藤延蔓
如擕蒲錦樓西波光瀲灧芙蕖滿湖是爲荷浦
薰風南即怡性堂北爲春波橋一園之勝舉目
而得樓之左廂折而東則爲秋暉書屋其北則
叢桂離立濃香襲衣拾級而登爲涵虚閣八牕

洞開下臨石徑與春波橋接閣下多松栢栝檜
櫻櫚梧桐而安石榴最繁緣橋以西則爲來薫
堂堂之左曰銀塘清曉堂前後皆水翼以平臺
周以石欄宜荷花宜月南登小樓飛廊複道數
折曰浣香樓前面春禊亭其下爲白蓮亭再由
來薫堂後過宛轉橋至海雲龕龕奉大士像曾
經
皇上臨幸
賜西域香以供龕在水中四面白蓮華圍繞龕前跨水
建坊顏其桓曰香海慈雲龕後有曲杠越杠沿

隄憩艤舟亭偶湖則爲珊瑚林桃花池館勺泉
亭緋桃無際絢爛若錦繡過小橋並桃花嶺迤
邐穿花而行遂達於依山亭倚亭而望則爲迎
翠樓有複道可眺其北則與趣園接矣
趣園奉宸苑卿黄履暹別業乾隆二十七年我
皇上臨幸
賜今名又
賜目屬高低石步延曲折廊縈廻水抱中和氣平遠山
如蘊藉人二聯三十年又
賜何曾日涉原成趣恰值雲開亦覺欣一聯園分二景

曰四橋烟雨水雲勝槩四橋烟雨在長春橋東四橋者右長春橋左春波橋其前則蓮花玉版二橋也園門西向與長春嶺對入門右折由長廊以東又北行深竹中折而西有大樓臨水南向水中荷葉田田一望無際其右與長春橋接門左穿竹廊而南又東爲面水層軒軒後爲歌臺軒以西爲堂西向内供

御書趣園額堂之爲閒者五堂後復爲堂爲閒七高明宏敞據一園之勝其右爲曲室盤旋往復應接不暇其左爲曲廊爲廳爲閣閣前疊石爲坪種

牡丹繡球最盛閣左由長廊以北面西爲漣漪閣又北爲金粟菴菴北向與閣對菴以內南向爲小亭亭右爲四照軒軒前後皆小山山上有亭曰叢桂亭軒右爲長廊西折爲廳廳後與香海慈雲接廳左爲樓樓左爲錦鏡閣閣跨水架楹其下可通舟楫閣上綺疏洞達綴以丹碧望之如蜃樓閣西接水中高阜阜上建

御碑亭內供

御書石刻阜自南而北遍植梅花桃柳壘湖石爲假山重複掩映不令人一覽而盡也水雲勝槩在長

春橋西門東向其右爲長春嶺入門左右修竹
其西爲吹香草堂堂後臨河南向爲隨喜菴菴
内爲樓供大士像菴右由曲廊以西爲春水廊
廊後爲歌臺臺前種玉蘭花時明豔如雪廊右
北折西向爲竹廳廳右由長廊數折南向爲勝
槩樓樓右緣小山行梅花下以西爲小南屏其
右與蓮花橋接

長春橋縣志跨迎恩河上

蓮花橋亘保障河上巡鹽御史高恒建橋上置五
亭下列四翼洞正側凡十有五月滿時每洞各

衙一月金色滉瀁卓然殊觀

白塔晴雲按察使程揚宗州同吳輔椿先後營構隔岸與蓮性寺白塔對故以名之臨河面南爲亭亭左右黃石兀嵂白塔晴雲四字磨崖刻焉亭後有堂顏曰桂嶼又後爲花南水北之堂堂西爲積翠軒軒前爲半閣閣右穿竹徑度橋由長堤沿山麓而西山上梅花如雪水際編朱竹爲籬掩映有態堤右爲廳前後相向廳左爲芍廳芍廳左爲小閣廳右復由小廊折而西爲廳如之字數折南臨保障河廳右循堤穿梅徑至

水亭亭後由曲廊西數折爲林香草堂堂後由
别室西轉爲種紙山房山房右臨河高矗者爲
望春樓樓前琢石爲池左右曲橋灣環如月其
西爲石臺臺上爲廳廳後與樓對前當河曲處
西向顔曰小李將軍畫本其隔岸即熙春臺也
樓右復爲露臺數折以達於西爽閣

水竹居奉宸苑卿徐士業園乾隆三十年我
皇上臨幸
賜今名又
賜水色清依榻竹聲涼入窗一聯又

賜靜照軒三字額園之景二曰小方壺石壁流淙園在
白塔晴雲之右臨河西向爲水廳廳左右曲廊
右通水中方亭即小方壺也左轉由曲廊過浮
橋北折爲廳曰花潭竹嶼廳後爲樓供關帝像
樓右小廊西出穿梅徑至靜香書屋屋左爲小
山臨水叢桂生焉緣山而北東折爲半山亭又
北行桃花下達
御碑亭內供
皇上御書石刻亭前爲石臺臨水後種玉蘭數十株亭
左由廻廊而西廊前巨石臨水刻石壁流淙四

字廊右爲妍清室室前種牡丹後臨石壁水由
山後掛石壁落池儼同疋練循除瀧瀧冬夏不
竭室右有小橋卧老樹爲之度橋行石壁下迤
北爲觀音洞洞有宋磁白衣觀音像洞前爲船
屋屋右倚石壁爲長廊至閬風堂堂前爲石臺
臨水四面迴廊石檻環繞堂後數峰特起爲石
壁最高處堂右由長廊而北爲叢碧山房廊以
東爲竹閒小閣循山房北行藤花下百餘步水
中有小山桃花最盛山上爲草亭看東岸藤花
最宜藤花盡處復緣山麓行山上有亭曰霞外

山止處有大樓臨水曰碧雲樓右爲靜照軒
皇上御題額也軒後右爲箭圃左爲曲室窈窕數重如
往而復最後爲水竹居
御題額供其上居前水中石隙有瀑突泉泉分九穗高
出檐表散落池中如雪再由靜照軒而北爲長
廊爲竹徑爲六方亭又右與錦泉花嶼接
錦泉花嶼刑部郎中吳山玉别業今以屬知府張
正治園分東西兩岸一水間之水中雙泉浮動
波紋鱗鱗即錦泉花嶼之所由名也其東岸在
水竹居之右臨河西向爲屋屋左有小廳屋後

爲菉竹軒軒左繞廊迤北爲清華閣軒右歷小
室東折由竹徑度曲廊爲籠烟篩月之軒軒右
又小軒轉北歷山徑至香雪亭又北折而下至
小方亭亭後曰藤花榭榭右自南而北皆長廊
廊之半有室前後洞達室後曠然平夷左右皆
迴廊其北爲清遠堂後爲曲室南爲錦雲軒與
堂對堂前種松栢梅花玉蘭與假山相間曠如
奥如兼有其勝復西出由長廊以北有杉木叢
生最古又北有小亭在道右又北爲梅亭又北
由長廊至水廳墻外即觀音山其西岸爲微波

館館後與藤花榭對館前爲石臺臺右爲長橋直南至種春軒軒後又南對岸即清華閣也橋北爲邀月樓樓東向後倚小山木樨前後環列樓右爲小閣曰幽岑春色而水中之觀以止

按以上各景並在保障河東岸其次序由南而北

尺五樓汪秉德搆在蜀岡之麓臨河西向爲樓五楹北轉亦如之是爲尺五樓樓下壘石爲山老桂叢茂山後由竹徑入邃室爲葯房樓西由長廊至延山亭亭西再折爲十八峰草堂堂之前臨高爲室一望平遠隔江諸山若可指數

萬松疊翠春流畫舫並奉宸苑卿吳禧祖構臨河
東向爲廳前爲石臺廳後由竹徑北折度石橋
穿小山叢桂至桂露山房其前即春流畫舫也
舫四面垂簾波紋動蕩如織再由山房歷長廊
而北爲清陰堂東面臨水水中爲小山種桃柳
與堂對堂後纍黃石種牡丹堂左爲曠觀樓樓
前石臺樓後曲室樓左爲北樓對岸水中山際
爲歌臺樓左逾水廊有屋面山扁曰嫩寒春曉
梅花盛處也又左逾曲廊再北有門東向其中
爲正廳門左繞曲廊西折而北爲方廳正與萬

松亭對萬松疊翠所由名也廳後稍左爲涵清
閣北由竹門出歷山徑爲水廳扁曰風月清華
又北緣河濱山際而行至綠雲亭而止其北則
與蜀岡接矣

高詠樓按察使李志勳園乾隆二十七年我
皇上臨幸
賜今名又
賜山堂返棹留閒憩畫閣開牕納景光一聯園之景曰
蜀岡朝旭園門南向隱太湖石側入門迤北爲
來春堂

御書高詠樓三字石刻供堂内南逌小山有屋深五尺廣一丈以擬歐公畫舫顔曰數椽瀟灑臨溪屋東折過小橋北登曠如亭又北過橋爲流香艇再由長廊以北矗然特起是爲高詠樓内供
皇上御書樓額樓前爲石臺隔岸與石壁流淙對蜀岡松翠峙其東北隅據一園之勝焉樓左爲含青室室後爲初日軒室左度橋爲青桂山房室後曰眺聽烟霞其右爲十字廳廳後北折循長堤登山有亭曰指顧三山亭後東折而下其北爲射圃右爲竹樓由射圃前直北至園外爲草香

亭亭右即萬松疊翠也園内外皆水繚以周垣
列置湖石雜植梅柳桂竹牡丹荷花春夏之交
延覽不盡

三賢祠故編修程夢星篠園舊址運使盧見曾購
得之以畀奉宸苑卿汪廷璋改建爲祠見曾自
爲記刻之石先是邑人祀宋韓琦歐陽修刁約
王居卿蘇軾等諸人於平山堂後眞賞樓而以
本朝之王士正金鎮汪懋麟爲配後學臣胡宮庶潤爲
士正辛未會試所得士邑人有三賢之請而未
果行至是始專以士正並祀歐蘇而諸賢從祧

矣祠門東向門以外爲蘇亭又稱三過亭因蘇詞有三過平山堂下之句故以名之入門道左有亭在梅花深處道右有門南向顔曰篠園以存其舊焉門右爲堂祀三賢木主堂左穿深竹以北爲仰止樓樓左由曲廊以東爲舊雨亭亭前迤左爲牡丹廳廳後爲曲室樓右由長廊北折西向爲瑞芍亭是爲篠園花瑞

篠園花瑞在三賢祠西按察使汪燾所闢臨高西向爲亭曰瑞芍其下爲芍田廣可百畝揚州芍藥甲天下載在舊譜者多至三十九種年來不

常厥品雙歧並萼攢三聚四皆舊譜所未有故稱花瑞焉芍田西北百步爲紅藥橋

紅藥橋（小志）俗名廿四橋蓋謂二十四橋爲一橋耳沈括補筆談記二十四橋各有名目非一橋之名後人因姜夔過揚州詞云二十四橋仍在波心蕩冷月無聲念橋邊紅藥年年知爲誰生遂易名紅藥橋

熙春臺在三賢祠右亦汪廷璋建臺高數丈飛甍丹檻上出雲表臺下琢白石爲欄列置湖石蓺諸卉果臺上左右爲複道爲露臺爲廊爲閣如

兩翼舒拱臺前與望春樓對河流至此一曲臺後迤右爲竹亭跨水上水由亭下前過石橋入河是爲平流湧瀑度橋循山麓繞堤而東爲門爲廡爲廳俱北向廳左穿竹徑至水亭曰玲瓏花界廳右由長廊數折爲鏡泉樓樓右由長廊數折穿石洞入曲房房外小山環抱山上爲梅花徑由曲房東出爲含珠堂堂以東復穿石洞拾級以登爲半閣爲亭亭隔岸即蓮花橋也

法海橋在蓮性寺前〔縣志〕明嘉靖四年揚州衛指揮火晟重造知縣馬駙記

聖祖御碑亭在法海橋北内供

御製上巳日再登金山詩並書唐人絶句一首石刻

蓮性寺〈江都縣志〉在縣西北三里善應鄉舊名法海寺元至元間僧爲正建明洪武十三年僧曇勇重建正統元年僧宏福增建

國朝康熙初歙人程有容等重修四十四年

聖祖仁皇帝臨幸

賜今名〈府志〉寺後名蓮花埂〈今按〉乾隆七年臨汾賀君召重修又建文昌殿呂祖樓並構軒亭廊榭疊石種樹是爲東園其鄉人屈復爲撰記刻石者也

丙子等年刑部郎中王統中書許復浩知府張子璡劉方烜等重修寺在保障河中央前臨法海橋橋南隅岸爲歌臺迤東爲子雲亭寺後爲白塔高聳入雲塔右爲得樹廳廳前銀杏二株最古寺右爲

御碑亭亭左爲園門門以内爲石臺臺上爲廳臺上下又古銀杏二株俱相傳爲唐以前物臺前壘石種牡丹廳後石隙爲品外第一泉廳左由曲廊而北爲春雨堂廳右行梅花湖石間南向爲夕陽雙寺樓樓左即雲山閣俱在蓮花埂上其後

臨河道左爲青蓮社迤北一帶俱酒家亭館寺
前左爲三義閣閣左爲觀音堂寺右爲郝公祠
郝公祠縣志在法海寺側明崇正間勅建祀房縣
知縣郝景春並其子鳴鑾按景春明史有傳
雲山閣太平寰宇記呂申公公著守維揚時建寶
祐志熙寧間陳升之建雲山閣于城之西北隅
後呂公著嘗宴其上淳熙間鄭興裔撤玉鉤亭
增大之命名雲山觀後廢寶祐間賈似道鎮淮
之五年復雲山觀于小金山今按小金山之雲
山觀久圮賀君召既重建閣於蓮性寺後王統

等又屢加修葺七百餘年古蹟頓還舊觀矣

桃花塢副使道前嘉興通判黃爲荃別業臨河架屋屋右爲曲廊緣荷池而南池中爲澄鮮閣閣右由深竹徑西折爲疏峰館館左由山徑行桃花修竹中徑盡處爲蒸霞堂堂後爲閣閣左山上爲縱目亭亭下隔墻水中爲中川亭

長春嶺在保障河中央由蜀岡中峰出脉突起爲此山主事程志銓加培護焉山形數折蜿蜒如蟠螭山上下遍植松栢榆柳與諸卉竹紛紅駭緑目不給賞山麓面東爲亭曰梅嶺春深梅花

最盛處也山南建關神勇祠居民水旱禱焉祠
前迤東剖竹爲橋曰玉版橋以通南岸
韓園同知黄爲蒲重修建小山亭在近河高阜上
園内草屋數椽竹木森翳山林之趣頗勝
長堤春柳黄爲蒲别業西接虹橋爲跨虹閣閣後
北折東向爲屋連楹十有四屋盡處穿竹徑迤
北是爲長堤沿隄高柳綿亘百餘步爲濃陰草
堂堂左由長廊至浮春檻廊外遍植桃花與緑
陰相間檻左兀起爲曉烟亭亭左爲曙光樓樓
左由曲廊穿小屋行叢篠中曲折以至於韓園

冶春詩社州同王士銘園今以屬知府田毓瑞康熙間新城王尚書士正集諸名士賦冶春詞於此遂傳爲故事稱詩社焉園在虹橋以西臨橋而起者爲香影樓樓後曲廊西折而南爲小閣閣後南向爲廳廳前爲土山山上爲雲構歐譜二亭閣右由長廊以南東折爲冶春樓樓後爲北樓樓前由曲廊折而北爲秋思山房房左逾石橋而東爲水廳房右長廊曲折依土山而南與柳湖春泛接懷仙館在其麓園多古樹槐榆椐柳海桐玉蘭皆百年前物壘土築石間以疎

梅修竹牡丹青桂之屬籃輿畫舫尤爭集焉
倚虹園亦奉宸苑卿洪徵治築乾隆二十七年我
皇上臨幸
賜今名又
賜柳拖弱縷學垂手梅展芳姿初試嚬明月松間照清
泉石上流二聯三十年又
賜花木正佳二月景人家疑近武陵溪一聯又
賜致佳樓三字額園之景二曰紅橋修禊柳湖春泛其
地即元之崔伯亨園舊址園門臨河南向中爲
妙遠堂堂廣六楹間重檐疊栱窗户洞達結構

最爲雄麗堂右爲餞春堂堂前爲藥欄欄北爲飲虹閣堂左爲水榭其西浪花無際是爲柳湖復由妙遠堂後左折爲涵碧樓樓後曲房窈窕幾莫能測其門徑樓右爲致佳樓

御書額供其上直南爲桂花書屋其右則面西水榭接屋而起屋後由曲廊北折又西爲水廳廳後疊黃石爲山山上種牡丹其南曰領芳軒軒後爲歌臺臺右爲修禊樓北臨河與虹橋對其下爲

御碑亭内供

皇上御書石刻其右則柳湖春泛也湖即古之花山澗

保障河水由虹橋直南下注焉湖心累石爲山南北袤亘柳湖春泛四字刻石上山上建亭種榆柳海桐其東即倚虹園一帶水榭湖西岸爲土山綴以草亭者二南岸爲度春橋橋西水中爲半閣閣西依岸爲橋橋西北爲草閣顏曰輞川圖畫閣西緣土山北折而西有草亭在水中曰流波華館館西由平橋南折爲湖心亭東緣水廊數折有草屋如舫曰小江潭屋後土山兀起建亭其巔再北與西岸草亭接矣

〔按〕以上各景並在保障河西岸其次序自北而南

九峯園舊稱南園世爲汪氏別業中大夫玉樞與
其子主事長馨益加闢治乾隆二十七年我
皇上臨幸
賜今名又
賜雨後蘭芽猶帶潤風前梅朶始敷榮名園依綠水野
竹上青霄二聯三十年又
賜縱目軒窗饒野趣遣懷梅柳入詩情一聯園之景曰
硯池染翰園故多佳石辛巳歲又得太湖石九
於江南大者逾丈小亦及尋如仰如俯如拱如
揖如鼇背如駝峯如舞蛟如蟠螭最大者曰玉

玲瓏相傳以爲海岳菴中舊物按米芾石刻一
帖云上皇山樵人以異石告遂視八十一穴大
如梡小容指製在淮山一品之上百夫運致寶
晉桐杉之間今以所得之地考之疑即此石也
其曰硯池者隔岸文峰寺有塔俗呼塔曰文筆
故此稱硯池以配之云園門臨古渡橋入門轉
西爲小廊廊左西向爲海桐書屋屋前峭壁環
列如削廊右南向爲深柳讀書堂堂内敬懸
皇上御書九峰園三字額堂前列石爲坡陁雜植松梅
石楠左右棕櫚桐桂堂後古槐四五株堂西爲

穀雨軒春時牡丹最盛軒右爲延月室前爲玉
玲瓏館軒後爲曲室數楹如蟻封蝸篆與雨花
菴通菴門臨河南向其中爲
御書樓
宸翰九峯園三字刻石樓下樓西爲堂奉大士像
皇太后
皇上屢經
臨幸
賜藏香以供堂西由曲廊東轉繞菴前至玉玲瓏閣後
度小橋至水亭亭據硯池上顏曰臨池池水淪

漣廣逾數頃隔岸一望平遠籬落村墟人烟竹
樹歷歷在目其東爲長堤沿堤高柳夾峙又東
至小廳顔曰一片南湖廳右爲烟渚吟廊廳左
數折爲竹亭亭四面琅玕千個長廊帶其前廊
前古藤數本外築土山植諸卉木頗具幽勝又
東度曲廊南臨水爲風漪閣閣前水中有小渚
搆亭種竹樹其上隔岸卽文峰浮屠閣東爲荷
池池東爲小亭亭東爲别院門廡堂室庖湢之
所畢具

按以上一景在城南硯池

臨水紅霞平岡豔雪二景在迎恩河東岸並州同
周柟别業南接長春橋臨河岡阜前後數疊岡
上有亭曰螺亭亭南渡橋復登山有亭曰穆如
亭河之曲處也折而東爲精舍曰桃花菴其中
爲佛堂堂後北向曰見悟堂堂前有亭臨水曰
紅霞亭堂右爲飛霞樓樓後曲廊數折迤東兩
亭浮水有小橋通焉復緣堤以東爲桐軒軒右
爲舫屋其下爲板橋度橋緣山而東爲枕流亭
亭右數武穿曲廊而東爲水廳曰臨流映壑自
長春橋北至此水邊山際俱種桃花春時紅雨

繽紛爛若錦綺是爲臨水紅霞其右由長橋北
轉度水閣又北即平岡豔雪也緣岡高下種梅
紅白相間河流至此北折面河西向爲清韻軒
又北爲豔雪亭河復折而東亭右小山數疊又
東北向臨水爲水榭其右山上面東曰漁舟小
屋又東水中小渚爲方亭亭後有橋與後山通
又東爲迎恩亭亭右爲石橋又東為迎恩橋度
橋即王氏園亭也

邗上農桑杏花村舍二景在迎恩河西岸並奉宸
苑卿王勗構敬仿

聖祖仁皇帝耕織圖式用紀我
皇上教養之恩與
聖代嬉恬之景象焉由迎恩橋北折而西臨堤爲亭亭右置水車數部草亭覆之依西一帶因堤爲土山種桃花山後茅屋疏籬人烟雞犬村居幽致宛然在目其西爲倉房又西仿西製爲風車轉運不假人力又西爲饁餉橋橋西當河曲處堤折而南面東爲歌臺臺後爲報豐祠以祀田祖祠右數十步面西爲草亭亭左又折而西面東爲浴蠶房又西爲竹亭亭又西爲方亭亭右由小

廊西折爲分箔房房左爲綠桑亭自報豐祠右至此皆沿堤種竹朱欄護之亭右即杏花村舍也又西爲大起樓繞屋桑陰扶疏可愛樓右由長廊以西爲染色房房前爲練池池左由小廊迤西爲練絲房由曲廊繞池數折度小橋又西爲螺祖祠祠南向祠右由曲廊南折東向爲經絲房其南爲聽機樓樓前水閣爲東織房樓右爲紡絲房右過板橋出竹間爲西織房房右爲成衣房房後爲獻功樓樓南與長春橋接

〔按〕以上各景並在迎恩河兩岸

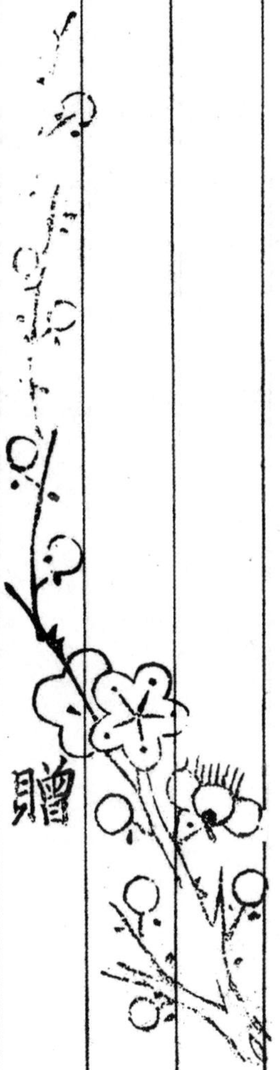
贈

平山堂圖志卷第二

平山堂圖志卷第三

寧夏　趙之壁　編纂

藝文一

賦

國朝

平山堂賦　潘耒

伊茲堂之締構洵宏敞而寡儔超埃壒而特起踞名都之上游崇臺瑰其造天兮華榱鬱乎雲浮窮地勢於南條兮見江山之相繆苞牽牛而絡婺女兮納埃風乎不周怊惝怳於虛無兮渺仙靈之所

留爾其託體則平岡坡陁西走滁濠支阜屹立削成增高其面勢則宅岡之陽居乾之位觀宇迴環林薄周被爾乃斬懸岩以累砌規廣阿以築堂旁羅桂楢仰承杏梁飛宇周閣鱗鱗將將觚稜枍詣若騰若翔塗丹錯碧反景流光遠而望之巃嵸參差若神山之出海見銀闕也仰而闚之硱磳巍峩若射的之在空植箭括也容兮如幄崒兮如冠霧翕雲舒不可乎得原若乃踐平皐經長坂步廣除臨絕巘瀏覽有無獨察遠近前瞻揚土之博大兮原隰紛其錯重綴麗譙於連星兮壯千雉之金墉

國朝

平山堂賦

潘耒

伊茲堂之締搆洵宏敞而寡儔超埃壒而特起踞名都之上游崇臺瑰其造天兮華榱鬱乎雲浮窮地勢於南條兮見江山之相繆苞牽牛而絡婺女兮納埃風乎不周怡惝怳於虛無兮渺仙靈之所留爾其託體則平岡坡陁西走滁濠支阜崛立削成增高其面勢則宅岡之陽居乾之位觀宇迴環林薄周被爾乃斬懸岩以累砌規廣阿以築堂旁羅桂楣仰承杏梁飛宇周閣鱗鱗將將觚稜枍詣

若騰若翔塗丹錯碧反景流光遠而望之巃嵸參
差若神山之出海見銀闕也仰而闚之硱磳巍峩
若射的之在空植箭栝也容兮如幄崒兮如冠霧
翕雲舒不可乎得原若乃踐平皐經長坂步廣除
臨絶巘瀏覽有無獨察近遠前瞻揚土之博大兮
原隰紛其錯重綴麗譙於連星兮壯千雉之金墉
天塹劃夫神皐兮屬赴海之白虹層山迴顧乎秣
陵兮矗三茅之仙峯左眺海陵原田每每熬波漉
鹽利盡東海右瞰揚子銅陵嶕嶢即山鑄冶吳濞
以饒後巨浸之湯湯兮沐日月於中央洩斗門於

邗溝兮轉舳艫於帝鄉泛歷覽其無垠兮蹇躊躇以相羊至如朝光絢野暝色騰麓晴景澄鮮微陰霡霂變合一瞬態窮萬族長楊垂絲大隄水平芙蕖含華的皪芬馨怒濤瀺灂於曲江兮風雪颯灑於蕪城物無隱之能遯狀無奇而不呈耳目為之滌蕩天日為之開明斯誠臺觀之巨麗海表莫之與京者也於是邦伯郡牧來游來豫弭節停騶怡情遣慮賓從詳雅尊俎有序究觀夫風土之清嘉與民物之阜庶山川之形便謠俗之遷注調燥濕於徽弦齊六轡之柔馭遥輿遠思超乎獨喻其或

大夫君子善辭能文比材曾劉方藻卿雲期春秋之佳日聊整駕而索羣參萬象於靈府吐元黃之繽紛亦有都人士女嬉春競往税青驪泊蘭槳采蘼蕪搴宿莽睇關河結遐想極泛濫沛自廣至如遷人放客經奇瓌材鬱風雲乎未感臨岐路而徘徊塊獨遣此羈愁兮憑高望遠穆乎登臺悵民生之多故羨天地之無涯歲月忽其如流羌長吟而永懷原夫揚之爲土也襟背江淮綰轂水陸百貨所湊土膏衍沃故經營窮乎地軸雕斲極夫天工璇臺瓊館穆若神居者蓋不知其幾而今皆影滅

光沉山移壑徙際天驚沙覆地白葦惟斯堂也創自隆宋著於歐陽遺澤在人勿翦樹棠五百年乃有賢牧謂太守金鎮爰希德而齊光考圖索乎故址新夏屋於崇岡華不侈心儉不陋目高不絕陵深不蔽谷不勞民而就不糜財而足形勢盡東南之美風聲表士庶之愛續前薪於無窮宐可久而可大嗟宇宙之悠遐兮惟令聞爲不刊德業若大車之載兮文采輪轂而使前或鐫功於銅柱兮或沈碑於深淵金石敝而名存兮孰膠結之使然慨賢豪之寥廓兮曠千載其猶比肩承休風而結撰兮尚

有述於後賢

平山堂賦　郭彭齡

廣陵舊郡淮左名邦星分斗牛之野地聯吳楚之疆山通脉乎岷蜀水發源於巴江岡阜迴環鳳號烟霞之窟波瀾縈帶久稱雲水之鄉名賢於此乎涖治騷客於焉而徜徉謝文靖之管絃絲竹梁昭明之翰墨縹緗徐刺史之吟風弄月何水部之嚼雪餐香雖世與人而俱遠實名與地而偕長況乎文章宗匠太守歐陽毫揮萬字飲縱千觴公餘休暇登眺平岡三山並峙卜厥中央程材鳩木經始

辨方攻成不日特建斯堂維堂之上既望遠而憑高維山之隈亦蒔花而種柳佳辰良夜招上客以賦詩妙舞清歌司芳樽而助酒聽溪流之湍瀉左縈右迴望山色於晴空似無若有豈若鮑昭三過徒弔古而傷心還看蘇軾重來正凭欄而搔首於是牧唱漁歌都來檻外江聲花氣並落牕閒明月二分把清輝於萬里疏鐘五夜流吟韻於千山聽人語之嘈嘈江城夜市對方洲之歷歷遠樹晴川物何時之不聚山無景而不姸惜追歡於遲暮思行樂乎少年乃若麗景融和春光明媚公子攜紅

袖而尋芳美人步香塵而拾翠登斯堂也則鶯梭
燕翦譜簫管以傳聲蝶翅蜂鬚雜綺羅而成隊又
或黃梅雨過緑樹陰濃采藕花於湖畔調氷水於
盤中登斯堂也則酌彼清泉如吸金人之露坐來
高閣同御列子之風若夫白露零金風舞燕去江
南鴻飛沙渚蘆白汀洲葭黃烟浦於是時也則兕
天高氣肅虞人應候而蒐田馬壯鷹驕貔士升堂
而講武迨夫溪水凝結山骨蒼凉松篁沈碧草色
全荒於是時也則見夫山衲扶筇尋寒梅而覓句
漁蓑披雪傍枯木以維航羗四時之代謝兮山川

俯仰緬千古之人豪兮風流相賞悼仙翁之不再兮悵彼美之一往登高堂而逡巡兮倚危欄而慨慷爰作歌曰千年真賞處風景浩無邊細柳綠垂地遥峰青接天堂開萬里月簾捲五湖烟試問登臨者何如永叔賢乃載歌曰攬勝尋常事我思在古人風流已昔日花鳥為誰春幸際清時運常經
御輦巡恩膏隨處遍草木亦懷新吁嗟乎雲山閣謝剩有浮雲明月樓空惟餘皓月千秋詞賦豔冷蕪城六代繁華夢回槐郡獨斯文之永久幸風雅之未衰宛伊人之相接尋堂構而溯洄瞻鬢眉兮仿佛惟

明德之可懷乃終起而為之亂曰山不在高兮平無陂堂不在廣兮足嘯歌樽有酒兮旨且多薄言酌之醉顔酡我欲乘天風兮泛仙槎凌五岳之上兮涉滄海之波

平樓賦　吳可馴

平山堂左栖靈寺東宅幽據爽有樓橫空斯樓也上切璇霄下臨寶地齊雲尚陋散花未擬比中天之百尺大可憑欄上佛國之初桄如聞彈指於是携麈尾藉氍毹茶竈挈奕匳俱松風入袂以蕭颯竹煙縈几而紛敷當吳楚川原之會展江淮名勝

之圖廼有兎徑牛涔平烟灌木草蔓三城波荒九曲選樓之跡已陳蕪城之賦誰續若夫天容皛皛平碧迢迢千枰田小一桁峰遥塔書空以頳露樓飲水以虹搖香門磬遞酒舫歌飄蕪徑之塵遺屧印枳籬之樹挂吟瓢點烏犍於遠牧下白鳥以歸樵王粲則晚際而登偏誇信美庾亮則月明而望自發長謠此則樓中之勝概所為與士友相招要者也

洛春堂牡丹賦（以題為韻）　陳章

名擅姚左根分河洛培客土以未疏依靈區而有

託綠雲旖旎以交枝紅豔鮮新而破萼桃時杏日恥妖態之爭妍火後雨前散天香而自褪脂融粉膩妙手傳于子華林下水邊閒情寄于康樂若夫曉風微扇細雨如塵亂堆錦被低照華茵擬薰香于荀令儼被酒之太真化工謝巧一國都春出水芙蕖自低回而作婢翻堦芍藥亦俯伏而稱臣油幕遮陰偶吹開而終護金盤餉客幾欲翦而還珍山屐偕来喜句留于詩老田衣對坐恐撩破于禪人而乃閱高議于青瑣檢雜俎于酉陽縱近觀而遠睇較北勝而南强深紅擬乎蓮⿱艹並嫩綠比乎瓜

氀天上金刀翦綺羅之稠疊月中玉斧構樓閣之
低昂桐君藥錄未足悉其功効醉翁花譜疇能盡
彼鋪張至若朱户洞開鈿車狂走笙歌送酒以如
泉池館量金而論斗雖一年好景莫教辜負于此
身而十户中人又輒吟哦而在口隨情自適不遠
求於青越延丹熨眼皆佳又何暇于驪黄牝牡然
而年華暗换韶景易闌游蜂惜而作隊粉蝶戀而
成團顧物情之尚爾豈人意之無干於是作雕盤
之食拾煎酥于欲墮添寶鼎之火燒餘片之將殘
岫遠巫娥不信若仙而若夢風回少女重看如火

而如丹乃為之歌曰琉璃地上錦窠開月裏仙人曳佩來紅幞數苞朝露折異香一種午風回兕觥莫負當心凸鑾鼓何煩百面催未要仙春尋舊館此堂應已勝蓬萊

雲山閣賦　閔濬

江左風流竹西佳麗賢守呂公惠澂斯地惟時秋中乃登雲山之閣其閣基彼崇高踞茲形勢儉非土茅奢不雕繢連秋水于五塘帶夕陽之雙寺則有淮海俊人翩然而適至于是攜手周眺共倚曲欄指繚白縈青而延佇撫小山叢樹以盤桓白日

既匽清露正溥太守開明月之樽以酌客集鄒枚之侶而追歡選諸僚衆屬辭於觀觀乃揎袖燭底醮墨一九文泉百斛競湧毫端其辭曰登彼高閣兮凌虛空挹彼羣峰兮青芙蓉閒雲戀岫兮陰濛濛江上四時兮變景物而靡窮山蜿蜒兮無定容雲卷舒兮西復東二十四橋人望兮惟明月與清風何處簫聲縹緲兮疑在廣寒之宮

平山堂圖志卷第三

奎文萃珍

平山堂圖志

下册

[清] 趙之壁 撰

文物出版社

平山堂圖志卷第四

寧夏 趙之壁 編纂

藝文二

詩一

唐

棲靈塔 劉長卿

北塔凌空虛雄觀壓川澤亭亭楚雲外千里看不
隔遥對黄金臺浮輝亂相射盤梯接元氣半壁棲
夜魄稍登諸劫盡若騁排霄翮向是滄洲人已爲
青雲客雨飛千栱霽日在萬家夕鳥處高却低天

涯遠如廹江流入空翠海嶠現微碧向暮期下來
誰堪復行役

秋日登揚州棲靈寺塔　　李白

寶塔淩蒼蒼登攀覽四荒頂高元氣合標出海雲
長萬象分空界三天接畫梁水揺金刹影日動火
珠光鳥拂瓊簷度霞連繡栱張目隨征路斷心逐
去帆揚露洗梧楸白霜催橘柚黄玉毫如可見於
此照迷方

登廣陵棲靈寺塔　　高適

淮南富登臨兹塔信奇最亘上造雲族憑虛納天

籟迴然碧海西獨立飛鳥外始知高興盡適與賞
心會連山黷吳門喬木吞楚塞城池滿牕下物象
歸掌内遠思駐江帆暮情結春靄軒車疑蠢動造
化資大塊何必了無身然後知所退

登廣陵棲靈寺塔　蔣渙

三休尋磴道九折步雲霓邐澗臨江北郊原極海
西沙平瓜步出樹遠綠楊低南指晴天外青峯是
會稽

登棲靈寺塔　陳潤

塔廟出招提登臨碧海西不知人意遠漸覺鳥飛

低稍與雲霞近如將日月齊遷喬未得意徒欲躡
雲梯

同樂天登棲靈寺塔　劉禹錫

步步相攜不覺難九層雲外倚闌干忽然笑語半
天上無數游人舉眼看

與夢得同登棲靈寺塔　白居易

半月騰騰在廣陵何樓何塔不同登共憐筋力猶
堪在上到棲靈第九層

宋

登平山堂寄永叔内翰　劉敞

蕪城此地遠人寰盡借江南萬疊山江氣朝橫飛
鳥外嵐光平墮酒杯間主人寄賞來何暮遊子消
憂醉不還無限秋風桂枝老淮王仙去可能攀

和劉原父平山堂見寄　歐陽修

督府繁華久已闌至今形勝可躋攀山橫天地蒼
茫外花發池臺草莽間萬井笙歌遺俗在一樽風
月屬君閒遥知為我留眞賞恨不相隨暫解顔

與夏侯繹張唐民遊蜀岡大明寺　梅堯臣

秋葉已多蠹古原看更荒廢城無馬入破冢有狐
藏寒日稍清迥羣山分莽蒼田衣指白水此下是

雷塘

大明寺平山堂　　　梅堯臣

陸羽烹茶處爲堂備宴娛岡形來自蜀山色去連吳毫髮開明鏡陰晴改畫圖翰林能憶否此景大梁無

和永叔荅劉原甫遊平山堂寄　　梅堯臣

黃土坡陁岡頂寺青烟羃歴浙西山半荒樵牧舊城下一月陰晴連蜒間人指廢興都莫問眼看今古總輸閒劉郎寄詠公酬處夜對金鑾步輦還

平山堂留題　　　梅堯臣

蜀岡莽蒼臨大邦雄雄太守駐旌幢相掑樹搤氣勢庬千山飛影橫過江峰嶠俯仰如奔降雷塘波小灘鵜鶘雙陸羽井茗黏瓦缸煎鐺瀉鬲聲淙淙雨牙鳥爪不易得碾雪恨無居士罷已見宣城謝公陋吟看遠岫通高窗

平山堂 王安石

城北橫岡走翠虬一堂高視兩三州淮岑日對朱甍曲江岫雲齊碧瓦浮墟落耕桑公愷悌杯觴談笑客風流不知峴首登臨處壯觀當時有此不

平山堂寄歐陽公二首 王令

豁豁虛堂巧架成地平相與遠山平橫巖積翠簷
邊出度巃浮蒼瓦止生春入壺觴分蜀井風回談
笑落蕪城謝公已去人懷想向此還留名伯名
轉眼繁華不可尋孤城西北路嶔崟簷邊月過峰
巒頂柱下雲廻草樹陰賓客日隨千騎樂管絃風
入萬家深知公白玉堂中夢未負當時壯觀心

平山堂次王居卿祠部韻　蘇軾

高會日陪山簡醉狂言屢發次公醒酒如人面天
然白山向吾曹分外青江上飛雲來北固檻前修
竹憶南屏六朝興廢餘邱壠空使姦雄笑寗馨

次韻蘇伯固遊蜀岡送李孝博奉使嶺表

蘇　軾

新苗未没鶴老葉方翳蟬縁渠浸麻水白板燒松烟笑窺有紅頰醉卧皆華顛家家機杼鳴樹樹桑棗懸野無佩犢子府有騎鶴仙觀風嶺嶠使出相山東賢渡江弔很石過嶺酌貪泉與君步徙倚望彼修連娟願及南枝謝早隨北鴈翩歸來春酒凍共看山櫻然

谷林堂

蘇　軾

深谷下窈窕高林合扶疎美哉新堂成及此秋風

初我來適過雨物至如娛子稚竹正可人霜節已專車老槐苦無賴風花欲塡渠山鴉爭呼號谿蟬獨清虛寄懷勞生外得句幽夢餘古今正自同歲月何必書

平山堂　蘇轍

堂上平看江上山晴光十里對憑欄海門僅可一二數雲夢猶吞八九寬簷外小堂陰蔽芾壁間遺墨涕汍瀾人亡坐覺風流盡遺構仍須仔細觀

雲山閣致語 并引　秦觀

伏以四難並得既爲樽俎之佳期五福具膺實

號搢紳之盛事矧中秋之届候宜公宴之交歡恭惟判府大資身遇聖神家傳將相時應半千之運論歸尺五之天姓名久在於金甌方面暫分於玉節浮堦飛閣引南國之佳人豪竹哀絲奏西園之清夜

雲山簷楯接低空公宴初開氣鬱葱照海旌幢秋色裏徹天簫鼓月明中香槽旋滴珠千顆歌扇驚圍玉一叢二十四橋人望處台星正在廣寒宮

次子由平山堂韻　秦觀

棟宇高開古寺閒盡收佳處入雕欄山浮海上青

螺遠天轉江南碧玉寬兩檻幽花滋淺淚風巵清
酒漲微瀾遊人若論登臨美須作淮東第一觀

觀劉侍讀姚秘丞孫處士平山堂寄歐陽公唱和
詩作絶句　晁說之

醉翁認得揚州路堂上平山列酒樽後日公榮來
酩酊賦詩可但屬姚孫

席上有唱歐公送劉原甫詞者次日又有唱東坡
三過平山堂詞者今聯續唱之感懷作絶句
晁說之

龍門不見鬢絲垂莫唱平山楊柳詞縱使前聲君

恐聽後聲惱殺木腸兒

揚州絶句　晁說之

客散平山堂上後孰知子駿在揚州解傳鮑照舊詞賦輸盡蕪城千古愁原注解于子駿守此州刋鮑參軍集

平山堂　晁補之

蜀岡勢與蜀山通龍虎盤拏上紫空小語還憂驚太乙高堂原自在天中少師楊柳無遺跡承旨歌謠有舊風斜日蕪城自興感忘懷猶喜故人同

谷林堂　孫覿

楚山多異材翠竹滿巖谷蕭蕭斤斧餘斬伐同一

東蕪城帶流水萬畝淇園緑遺苞駮雲錦老節抱
金玉歲時虎穴鄰舐掌方撑肉此君亡恙否應坐
白眼俗

平山堂　黄裳

一隅不見古揚州惟有平山尚自留且看江南山
色好莫縁花月起閒愁

登平山堂　李昭玘

斷檻敧簷風雨頻不逢心賞爲重新依稀疊嶂宛
如畫憔悴垂楊今復春一闋清詞長在耳後來佳
客復何人悠然未盡雲烟思不見揚州十里塵

同狼山印老早飯建隆遂登平山堂

吕本中

塵埃障西風草木被朝日籃輿郭外門未厭來往疾僮奴懶不進頗復費呵叱道人先我行晏坐已一室殷勤勸客住午飯當促膝爐烟飽紙明鳥語樹葉密却上平山堂晚景更蕭瑟澄江渺天際妙句不容乞平生泉石念固自有遺失何能從兒曹十事九不實茲遊豈不快此老固坦率尚從文殊師一往問摩詰

次韻趙帥登平山堂詩二首　李綱

東皇未慭養花功遠近嬌紅亂老紅勝賞已容陪雋軌憑虛仍喜受雄風小斠蜀井寒冰齒旋俯波光碧蘸空更看詩翁落椽筆彈丸句法許誰同修月於今第一功後車九萬蜀牋紅詩供寒食鶯花課袖拂平山楊柳風匝坐蕙蘭歌似蒻生香笑語酒如空胡牀不減南樓興今古風流正自同

同似表叔易置酒平山堂　李綱

暫停征櫂此從容歎息前賢結構雄心眼乍隨天宇闊笑談不覺酒樽空江光隱見軒楹裏山色虛無烟雨中種柳仙翁何處去年年疎翠自春風

平山堂　陳造

平山堂上命琴樽前輩風流肯見分戀客嬾斜當檻日藏山不斷隔江雲吟殘得意窺天巧醉面禁涼減纈紋杖策歸來新月上落梅如雪點風裙

平山堂　方岳

不奈花時兩手閑共攜詩硯對孱顔江南江北音書外春去春來楊柳間騎鶴重尋烟雨句征鴻欲没夕陽山百年風物一杯酒歎息人間兩觸蠻

官滿將歸與同幕別平山堂　方岳

鷗未寒盟尚可尋歸歟雅不負登臨江南山作故

人面塞北鴈知遊子心淮海三年雙鬢短乾坤萬里一杯深秋風正愜蓴羹腹松氣猶存月滿林

平山堂弔古　張　蘊

隔江山色畫圖中故址荒來與廟通畫地雄吞淮海水占星高植斗牛宮試評蜀味甘泉變欲唱歐詞古栁空往事茫茫增感慨聊憑戍卒指西東

平山堂觀雨　釋　道　潛

午枕蔾牀夢忽驚栁邊雷送雨如傾蜀岡西望蕪城路銀竹森森十里橫

元

登平山堂故址　李孝光

蜀山有堂已改作騎馬出門西北行日落牛羊散平楚風高鴻鴈過三城山河舊說金湯固汗竹還遺帶礪盟駱駝坡頭孔融墓令人憶爾淚縱橫

平山堂次黄先生韻　趙汸

虛堂眂平岡積翠淩天半彷彿識瑤臺熹微窺玉案頗疑巨靈力剗削非一旦森森古樹齊奕奕朝霞爛地近巘易陟池青蓮不蔓鶯啼午夢殘客至琴聲斷勝境契沖襟雅懷知弗畔翛然忘物我詎肯存崖岸馬迹遍幽燕華顛樂村閑居閑非矯曲

掉猛得前算巇嶮世所趨樸淳日彫散跬步祝安
危片言幾理亂苟得領斯會未覺身爲患嘉謀諒
貽厥豈曰誇殊觀

平山堂　陳孚

堂上醉翁仙去蘆花雪滿汀洲二十四橋烟水爲
誰流下揚州

平山堂　舒頔

平山山上構高堂堂下青蕪接大荒堂廢山空人
不見冷雲秋草臥横岡

明

揚州　王禕

春滿揚州廿四橋何人騎鶴聽吹簫荷花芍藥猶
閒事且訪平山舊柳條

宴蜀岡閣　劉節

挾風盤日上崇岡高閣臨虛思渺茫雲擁旌旗翻
睥睨鳥飛湖樹雜帆檣十千禾黍登秋早無數山
峯接海長四美於人堪發興故應萸菊近重陽

三先生祠詩　崔桐

同秉文旌重昔賢陰陰祠廟翠微懸山河氣壯三
靈合洙泗流長一脉傳蘇館杏桃湖院種竹庭風

物樂菴連我來愧乏蘋蘩薦聊酌山中第五泉

平山堂　文徵明

平山堂上草芊綿學士風流五百年往事難追嘉祐蹟閒情聊試大明泉隔江秀色千峰雨落日平林萬井烟最是登臨易生感歸心遥落片帆前

觀音寺　徐九皋

聯鑣躋鷲嶺瀟灑出塵氛石磴霾青靄龍宫隱白雲江流天外合山勢望中分無限風雲意蓬萊未遣聞

揚州李白二運長邀同登觀音閣　王　問

一凭高閣坐烟景古揚州江水帆檣會春郊草木
柔酒清人易醉風急棹難留爲謝名賢去相思淮
海樓
白戸部招遊平山堂　文翔鳳
並將籃筍上烟巒客與江山却互看向日何人陪
六一也如吾輩籍青玕
春日同社中諸君陪孫將軍飲平山堂
陸弼
太守風流邈遺蹤得暫攀悠然飛鳥外時見隔江
山接衽清言洽鳴鐘白日閒江淮初罷戍歸不畏

嚴關

平山堂歌　程嘉燧

淮南九月天雨霜邀我共醉平山堂蜀岡逶迤雲日黃雷塘淼瀰葭菼蒼我懷眉山與歐陽古壁頹塌龍蛇藏恨無穹碑鐫琳琅江南羣山屏風張烟樹歷歷城茫茫吾宗心遠蹤隨俗棲遲市廛種花木山中舊書幾千軸堆案牙籌仰看屋顧我一笑心已足便呼酒船出林麓堆盤菱芡手自剝對持雙螯擘紅玉惜無佳人勸醽醁戲催清謳發伶僕酒闌欲窮千里目俛仰共閱人代速我來送客復

爲客人生衮衮無南北三年不得見顔色咫尺僅
一通消息男兒頭顱已半百不見坡翁有言寒食
重九莫虚擲

登平山堂有感同黄幼石賦　姚思孝

暫去塵氛問野關一尊潦倒醉名山蜀岡望處黄
雲徼楚樹分來畫戟班短笛亂吹蝴蝶醒遊人輸
却鷺鷥閒君家脱屣尋常事何日勳名敝屣閒

平山堂雪望二首　陳組綬

爲愛晴暾好來尋第五泉南林纔吐色階草欲生
烟僧意閒於菊松聲遠入弦未須愁日暮落照正

蒼然

雪望偏宜閣清寒四野平簷疎辭宿鳥冰老壓垂檉是地皆瑶圃從人問寶城銜杯無限意俯仰看題楹

同諸子泛舟平山堂酌第五泉　萬時華

共泛輕舟綠樹灣遥從北郭問平山烟雲似挾川原動魚鳥俱親水石間細品名泉供草坐偶尋遺碣識苔斑醉翁行處殘陽古多少遊人日往還

平山堂看荷花　王元度

雲水無消歇平堤尚芰荷棹歌隨意注鳥語不能

多山遠迷秦望天低近汨羅老僧如舊燕補屋又
來過

登平山堂觀江南諸山值雨復晴　張　奇

高岡棟宇鬱崔嵬縱眺江南亦壯哉嵐氣陰森天
結雨松風飄颯鼜鳴雷霏霏全濕千林葉灑灑初
沾半壁苔倏忽雲開明返照青山依舊望中來

平山堂圖志卷第四

平山堂圖志卷第五

寧夏　趙之壁　編纂

藝文三

詩

國朝

平山堂　　王士禄

平山樓閣說淮南想像風流向夕嵐更有司徒遺廟在石幢松火照深龕

平山堂作二首　　王士正

廣陵城北早春時寂寂東風楖未垂不見歐公遊

賞地荒亭片石使人悲
偶來折柳向平山幾樹柔條未忍攀一種輕黃江
水上依依曾照昔人顏

冶春絕句 同林茂之前輩杜于皇孫豹人張祖望程穆倩孫無言許力臣師六修禊紅橋酒間賦冶春詩 王士正

今年東風太狡獪弄晴作雨遣春來江梅一夜落
紅雪、便有夭桃無數開
紅橋飛跨水當中一字闌干九曲紅、日午畫船橋
下過衣香人影太匆匆
東家蝴蝶作團飛西家流鶯聲不稀白苧新裁如

雪色潛來花下試春衣

鬍翁三過平山下白髮門生感故知欲覓醉翁呼

不起碧虛樓閣草離離

東風花事到江城早有人家喚賣餳他日相思忘

不得平山堂下五清明

坐上同矜作達名留犁風動酒鱗生江南無限青

山好便與諸君荷鍤行

海棠一樹澹胭脂開時不讓錦城姿花前痛飲情

難盡歸臥屏山看折枝

故國風流在眼前鵲山寒食泰和年元遺山濟南詩句邦

溝未似明湖好名士軒頭碧漲天時祖望談吾郡山水之勝名士軒在明湖曾子固守郡時所作

春杪登平山堂眺江南山　王士正

時魚出水浪花圓北固樓前四月天却憶戴顒山户裏櫻桃風急打琴弦

宗定九畫紅橋小景于便面見寄賦懷二首　王士正

辛夷花照明寒食一醉紅橋便六年好景匆匆逐流水江城幾度沈郎錢

紅橋秋栁最多情露葉烟條遠恨生好在東原舊

居士雨窗著意寫蕪城

吳江顧樵水寫予平山舊詩摘星樓閣浮雲裏一傍危闌望楚江之句爲圖相寄雨中偶成一詩奉荅兼寄茂倫定九　王士正

哦詩三十年往往在人口旗亭與樂府流傳亦時有江淮好事多圖畫頗好手詎敢擬右丞家風映先後廿載走京塵頗已忘敝帚君復爲此圖毋乃太騈拇平山高矗矗楚江清瀏瀏雁齒紅闌橋鵝黃水楊栁風景故依然問是淮南否俯仰慨今昔少壯成皓首他時鱸鄉亭相過索盃酒息壤猶在

彼寄語雪灘叟

汪舟次雨集泛紅橋同劉公㦷唐耕塢孫豹人程穆倩孫無言　施閏章

出城通野艇鼓枻過名園只爲論文友重開對雨尊亭臺緣浦漵雲樹接江村遥望平山路風流二老存

雨集平山送查編修嗣瑮蔡舍人垕方上舍世舉唐明府紹祖入都二十韻　朱彝尊

金飇斂行潦絳葉鳴凜秋曉雨原上來枯桑落荒溝筠車北岡路徑盡知所投平山表遺迹經始歐

九修手移新堂柳綆汲洌井流至今闌檻曲詩版
存王劉吾來堂未建再至乃登樓未知百年内紺
塔能復不一蕭暘二卞子澍恒久載酒羅庶羞征鴻
適來賓鳴鹿迭相求翩翩羣雅才簦笠偕燕遊江
光湧平楚草色連遥洲淮南十一郡千里極望收
同人齊所願于野獲良謀查蔡金閶彦方唐才士
尤將從畿南驛直抵山後州豈曰無衣裳客子在
道周感彼蟋蟀唱役車何時休燕南趙北際慎勿
久滯留且復飲沈頓率意成狂謳

紅橋　朱彝尊

春蕪小雨滿城隈茆屋疏簾兩岸開行到紅橋轉深曲緑楊如薺酒船來

丙午小春同曹子顧宋荔裳王西樵諸先生讌集紅橋園亭分得青暉二字　陳維崧

載酒紅橋北群公屐早停小春風景好高雁度秋亭薄醉憑闌望狂歌抱膝聽那須愁日落月挂柳枝青

多病心情減深居與世違今宵偕勝侶清夜叩山扉野色明霜樹疎林照夕暉來朝仍有約翻恐峭帆歸

招林茂之先生劉公戢比部小飲紅橋野園　　陳維崧

遲日和風泛緑蘋落花飛絮罥紅巾此間簾影空于水何處琴聲細若塵水上管絃三月飲坐中裙屐六朝人獨懷紅板橋頭路白髮淮南又暮春

平山堂　　陸可求

土阜環疎柳來探春色閙靜聞孤寺磬遙見隔江山碧塢桃千樹清溪水一灣堂高極目望瀟灑出人間

揚州懷古雜詩　　汪琬

畫檻雕欄異昔時平山遺阯半參差如何行客春風裏猶唱文章太守詞

雨中過平山堂飲　秦松齡

廣陵城外氣蕭森有客衝泥入遠林風獵夜荷山閣動雨寒新竹草堂深放歌天地多濃綠中酒江湖易薄陰無恙雷塘東下水盈盈猶照故人心

紅橋　秦松齡

王郎佐郡絕風華百首詩成未放衙今日使君遺愛在紅橋齊唱浣溪沙

九日同人讌集限登平山堂四韻兼寄金長眞太

守　　　　　丁澎

爽閣秋烟裏虛闌任客凭扁舟何意住逸興幾人
乘野菊今朝醉山翁舊日登臨風把巵酒松下酹
盧陵

山樓長眺望極目見蕪城沙闊江鴻遠天空楚樹
平十千豐酒價六一盛詩名重起烟霞色偏憐客
宦情

堂北秋將暮丹楓照客顏比鄰殘蘖寺遠樹夕陽
山無恙川原在難逢歲序閒風流時代盡憑弔欲
追攀

兄弟登高宴天涯共此堂樹栽今太守日落古重陽白袷敲看鬢茱萸醉滿囊竹西歸路近野色暮蒼蒼

平山堂　陳廷敬

我浮大江來迴望江上山山遠翠猶送江去潮復還江山遞明滅暝宿茱萸灣訪古平山堂水竹清心顔遂登堂上樓江流山色閒是時夏景殊雲峰爭烟鬟歐公千載後何人共躋攀風流寄欣賞寬簡蘇𥪰鏍豈惟雄文字實將激懦頑門前清渠水至今餘潺湲留題渺何處似有墨痕斑

平山堂二首　　宋犖

路出紅橋畔秋原問蜀岡穿林尋曲徑拾級到高堂遠岫平襟帶長江得渺茫呼童埽黃葉好煮石泉嘗

昔賢良宴會茲事已千秋勝地幾興廢閑雲此去留樓開歌舞外塔入海天浮何處鳴笳發蕭騷起暮愁

紅橋命名自阮亭　　宋犖

最是揚州勝紅橋帶綠楊著名同廿四佳話自漁洋去住笙歌接空濛烟水長幾回憑弔處詩思寄

斜陽

平山堂社集　吳綺

偶爾成三過於今復此間歡塲輕白首才子重青山古樹知興廢寒雲見往還誰言一杯酒千古幾人間

平山堂雜感和蘇江陵韻二首　吳綺

千載關情地頻來繞砌行過江山翠近倚檻暮雲輕遊女矜粧束山僧少送迎莫愁浮棹遠春水正渟泓

此地山光好春來二月時微風響鈴鐸殘日在罘

思慷慨仍懷古蒼茫獨詠詩所思曾不見天末碧霞披

蔣前民招集紅橋　　袁于令

郭外藕花秋輕風蕩小舟自來千古地能得幾人遊有客如孤鶴容予比信鷗平山觴詠處不負舊揚州

秋日郡中諸友招飲平山堂舊址因議修復分得寒字賦成二十韻　　金鎮

白露戒素節涼風動輕紈感此君子心攜手共盤桓弭節泊枉渚列筵面層巒芙蕖發朱花離披香

未殘葭菼依岸生簌簌驚秋寒杖策入烟徑堆阜列巑岏日落禪智塔草深蜀井榦上方益聳秀朱堂吐納寬平鋪出峽水仰視隔江山淮岑萬疊來青影落杯盤頗憶小蘇句千里對平欄其時拭遺墨流涕增汍瀾奈何彈指頃轉爲緇素蟠而我承餘芬輟食空三歎甘棠藹遺蔭剥復理必還茲事如有待斯遊豈無端極目睇江海氛祲氣漫漫吾土雖云樂輸將恐巳殫夕陽帶歸舟荷鋤夾道觀所期閭里宴日夕相追歡

初冬泛舟遊棲靈寺訪平山堂舊址二首

鄧漢儀

小春風景勝何故減登臨暖日偕君子扁舟問遠林溪亭黄葉盛山寺白雲深好坐岡頭石烹泉細細吟

聞有歐陽跡風流天下傳少時猶過此垂老竟茫然堂址開金像碑銘坼冷泉何人輕改作無乃負前賢

金長眞太守興復平山堂落成讌集紀事

許虬

天地餘清晏江山慰寂寥仕優襄盛典農隙應公

徯六一儀型舊尋常俎豆遥雖無金鑄像還見石
題標朋黨曾經錮居民勿敢樵俄焉嗟剥落竟爾
任飄搖後學謀興宇賢侯正接鑣采荷週曠野躡
棘上岧嶤蠲俸營丹雘鳩工壯碧霄簪裾倫廣被
風雅道相招再集歡彌展初成景輒饒層楹齊露
樹蔽甸暖烟苗月照三千履花通廿四橋艖帆風
杳杳漁網雨瀟瀟牓外高低堞牕中曉夜潮星辰
垂靜院禮樂示僧寮逗磬松谿午沈鐘竹幌宵規
模遷後大感慨坐來銷文擬昭明選帷堪董子邀
彈冠扶運會振袖謝塵囂渡口能驅虎林端幸絕

鴞安瀾邦祀禹擊壤世賡堯式版祈寒暑存神泯
祲妖輶軒倚過騎鄉物講迎貓正誼當途責平生
吾黨要曾蘇身擬配今古首同翹對越羹墻切觀
瞻位置超軍容閒内境觴政布新條好士名逾重
昌期俗返澆魯侯多色笑曼倩亦芻蕘有客工堅
白誰家病渴消和歌因畫諾永夕復今朝霜久楓
猶醉嵐深黛欲描危巢攀鶻鷇淵室瞰鮫綃幽興
仙蹤別生涯牧豎聊品泉第五穴汲綆此雙瓢哀
柳悽爭舞高松勁聪凋疇垠荒緑穢藥圃藝紅蕉
探洞行呼鹿跋弓坐仰鵰吳鉤凝乍凍桐尾拂仍

焦擁陌油車緩巡隄寶勒驕蒼葮人弗遠翠管曲
方調玞礱資攻玉羊裘肯伴貂楚槳馨桂醴郇炙
雜蘭椒落落筵剛滿傞傞燭旋燒遊梁追授簡入
洛羨乘軺畫戟朱雘吐芸籤碧字雕聞聲懷縞紵
報賦愧瓊瑶几研憑苔設縹緗荷杖挑鶴鳴依晚
峭島韻借春嬌綸綍頒恩寵桑林問土謠扳轅宜
父老載筆借賓僚弦誦羅言偃刑書陋國僑猶肝
餘折東樾蔭避驚飇陵谷忘移改登臨愛泬漻節
催沙鴈度蟄禁草蟲嚶勝事應難朽勳華共不祧
邦溝長錯繡鄒律轉陽杓旴食修干羽邊烽隔麗

譙萬方皆脫斂孫櫂更聽簫

訪大明寺泉同張介子蔣子久　杜濬

人代百務繁山中一泉躍素友宛具舟游子欣出郭騰騰陰霞霽汩汩蚤潮落蒙翳經法雲聊自意所畧寺名自劉宋水味異漿酪躬汲窺沈深獨醒知淡泊寧居第五名不受驃騎爵飲罷袪塵機意遠陟苔閣望眼竟有涯寸心忽無託悠然來去情誰知哀與樂

分賦古蹟得第五泉　吳嘉紀

荒邱絕塵囂石甃蒙荆棘疇昔烟霞侶修綆於此

汲提攜甕罌潔滴瀝苔蘚濕靈液生天壤何心冀賞識人偶辨甲乙名已傳都邑伊予家海濱潮汐作飲食鹽井難沃胸源泉苦相憶數載願弗遂一瓢今始執悠悠寺鐘聲靉靉秋山色披榛自去來松風動蓑笠

第五泉歌平山堂逢褚硯耘孝廉同徐元夏作　李良年

平山堂下水水石相氤氳第五與十二品藻何紛紛茶經每見流傳誤歐陽金石垂遺文伯芻最金山鴻漸推康王吾徒游歷苦未遍何由浥注爲低昂竹西小住今年乍茶甌惱殺渾流瀉醉客宵嘗

不解醒蒼頭曉汲還論價忽記玆泉水清洌遠拂
荒碑探舊穴百轉銅瓶倒轆轤齒牙卻潤嗛山雪
褚翁嗜茶癖無比身是王盧友劉李丫髻山童折
腳鐺一擔花影斜陽裏鳩坑日鑄夙所耽亦有顧
渚新芽美蟹眼松濤解后閒綠莎如茵石堪几因
思惠山飲更憶江心艤不須甲乙較前人暫游喜
啜三名水君攜衲子我攜客風景何曾負雙屐碧
樹紅橋正可留那知別思懸沙磧長安斗水須百
錢黃塵拍眼朔風顛蹄涔解渴尋常事從此相思

第五泉

紅橋　李良年

出郭饒幽興逶迤信馬蹄灑衣花片小隔岸酒帘
齊沙雨迷離下山禽睍睆啼微聞清珮響人在板
橋西

三月三日程師儉招同黃自先江郢上家叔定蛟
門泛舟登平山堂得詩十八韻　汪　楫

瀲灩水增波佳辰重修禊畫船如鱗次盼睞失埤
垷春氣今年惡累月少開霽青簾得乍捲飈風忽
而細理檝蹋篙師靜波儼屏翳楊枝送婀娜水檻
引迢遞游河既濯纖陸游詩濯纖游黃河凭風更決眥川光

眞是練樹緑不如薺山生斬然新追往傚精衛登樓捫白日、浮雲未許蔽結搆亦已工丹雘苦難繼以此俟後人詎異調鱉枘義色動賢主慷慨謀共濟指畫上檐阿料理到堦砌試看聚米算絶勝牙籌計曲水有浮杯西池盛清製醲川且同酹杜篤祓禊賦云酹酒醲川枯腸若爲劇鼓柮待重過抽毫頌佳麗

金觀察招同杜于皇程穆倩孫無言鄧孝威宗鶴問彭爰琴何弈美黄交三集平山堂限五言古體十二韻

汪楫

歲暮氷雪盛松竹寒皚皚朝來山出日倐若三春

暉含光動林薄物象欣有依野色淨車馬主人攜
賓來昨構山上堂前賢儼在斯入門古今接襟抱
豁然開今日復何日前躅後人追絲竹山水間誰
謂知音稀空雲渡檐楹江岫蒼庭階風景佳如此
歡娱正及時策足須要路立身常苦遲相隨愛良
會美酒何能辭

步平山堂舊址有懷六一居士　汪楫

揚州自古繁華區深谿峻壑無與娛品題慣得文
章伯名邦從此稱江都枚鄒已往鮑昭遠濤聲寂
寞蕪城晚廬陵學士剖符來平埜一朝同絕巘平

山山上幾間屋繞屋新栽萬竿竹上客賦詩風滿樓小史傳觴花映肉有時湖上採蓮歸十里漁歌到山麓翻波荷葉亂花紅隔江巖岫當門綠山光花氣未全非只是堂前竹影稀把酒還來太古月肯教早放畫船歸

郡伯金公復建平山堂招同諸君讌集限五言排律得五十韻　汪　楫

文采無今古山川有廢興百年僧舍迴一月草堂仍太守鳴騶至羣賢接跡升新階同雨洗畫棟儼霞烝道路爭傳瓦工師正引繩喧㕓雲欲變邪許

谷齊應此際宜晴朗侵晨尚鬱蒸天心開笑語人意盡飛騰往者堂初建歐公世所稱至今崇俎豆端不愧師承愛作平原飲時招耐久朋荷花香十里竹葉醞三升五馬行觀穫輕舠唱采菱纏頭堆蜀錦染翰費吳綾每讀朝中措如滄六月冰衰翁還自看年少敢相矜朝中措歐公平山堂詞名看取衰翁詞中語也大厦何時壞朱欄不可凭樵蘇到柱礎嶺路入田塍曉日鳴車鐸春風響射堋頹垣空駐馬低岸只懸罾無復文章伯惟餘粥飯僧林中誰列炬世外浪傳燈對此心常戚其如力弗勝莊嚴有底急兼併若

爲懲舍弟思持鉢謂蛟門時人慣摸棱一朝公作郡
百務木從繩善説宰官法羞參最上乘經營開草
莽結構稍崚嶒繼往留渾樸隨時飾綵繪丹樓須
顧愷留壁謝徐凝十月霜華薄高邱爽氣澄紛拏
山歷歷雙峙塔層層好景收襟帶華筵上毾㲪大
人多九列處士足三徵賦各懷王粲舟都共李膺
眞成花照眼遮莫酒如澠憶昨喧鼙鼓横空布繳
矰離羣號旅鴈掣臂走饑鷹天塹殊難恃東山實
可憑出城尋嘯咏比屋失凌兢余豈鷄羣鶴叨爲
驥尾蠅美名慚獨許勝地快同登草木兵俱靜江

淮勢益增人皆欽雅量竊更服廉能草野依肝膈
朝廷重股肱試看觀察使詎遠秘書丞最喜遷喬
木還愁別廣陵難攀官閣樹但把剡溪藤元叔悲
窮鳥青蓮賦大鵬徒然同舉觶安得遂擔簦

平山堂　　　　汪楫

山色江南在竹陰堂上稀野花猶愛客片片下山
飛

乙巳春夜讀王阮亭先生紅橋冶春諸絕句漫作
二首　　　　宗元鼎

紅橋春柳碧條條十五橋中第一橋多少遊人渾

不識獨留才子聽吹簫

休從白傅歌楊柳莫向劉郎演竹枝五日東風十日雨大家齊唱治春詞

平山堂　宗觀

堂對江南遠近山千螺青插酒杯間幾時改作棲靈寺六一高蹤可再攀

汪季甪平山結夏　宗觀

消夏樓居得暫閒八牕敞對有無山筆牀茶竈松風響只許吟詩客報關

平山堂落成四首　汪耀麟

誰使山堂廢於今已十年忽開新棟宇重見舊山川俎豆廬陵在文章慶歷傳看碑思太守端不愧前賢

覽勝原無際登高今有樓江光騰北固山色隱西州到此心能曠因之足欲休笙歌與風月眞賞信堪留

不分山泉好沈埋蔓草間小亭新結構勝蹟可躋攀豐樂名何遜參寥味可刪自茲金井上不放轆轤閒

昔日行春地封庭復有臺檻從空處倚門對遠山

開野竹何時長垂楊且自栽觀成殊不易把酒興
悠哉

暮秋紅橋野望呈金長眞郡伯　汪燿麟

一帶紅橋路三秋緑水灣正宜撑小艇直可到平
山城郭斜陽裏園林落葉間停車看柳樹坐愛使
君閒

卯曙戒侍講招同豹人醉白家兄叔定汎舟登平
山堂用山色有無中爲韻分得無字
汪懋麟

涼風扇華節霖潦盈江湖客行自淮水幽興聊平

蕪招攜登埜航二三皆酒徒金魚不自惜美醞從我沽蕩槳越城郭沿渠足菰蒲蓮葉結淺翠蓮花燿深朱顏此樂無極陶然傾一壺檥舟版渚下策杖平山隅密雲蔽陽景回飈生高梧歐公雖云没緑楊猶未枯山川頼人傳文章安可無

人日諸子遊平山堂大雪驟至飲眞賞樓走筆得三十六韻　汪懋麟

時節初逢卯（是日癸卯）年華復建寅一冬常苦旱七日已驚春出郭宜登陸尋幽怕問津柳容青未著梅意白如勻凍草承車軟林禽語客馴到山鐘未午

禮佛飯初辰祠宇尊先哲周防仗後人廿年心始遂八字夢何因築眞賞樓初成夢歐蘇兩文忠公命余作聯余應聲曰登斯樓也大哉觀乎遂用爲對勝跡原無敵佳題信有神江山列淮楚人代本梁陳夜夜笙歌沸朝朝粉黛嚬燒香來妙女祈嗣肅明禋范相宫方楚胡公廟肯薪山傍爲文正安定兩祠三賢眞尚友百世此爲鄰地脉原通蜀泉源舊出岷一亭依衆樹片石出荒榛近水烟光活遥天雪意純初馬猶是霞倏矣盡成塵素女翔天闕湘娥舞漢濱滿空交蛺蝶遍夜失麒麟著地渾如掌當杯不及脣廻戈光灼灼奔馬勢駪駪喜勝褰

瑤草狂思倒葛巾步兵厨恐竭公瑾味稱醇接席皆仙客逃名半隱倫爭先持玉斗攘臂劈銀鱗勢欲傾三峽歡堪抵一旬交原垂髮好飲是布衣眞愼勿言通塞何須辨主賓行觴休緩緩起舞共蹲蹲晚霽還移席終筵莫吐茵夕陽看有態積雪浩無垠暮鵲歸飛急昏烟繞舍頻紅樓連市燭畫鼓隔城闉雨夜期烹韭晴天訂採蓴定知邱壑好得醉即稱臣

同友人泛舟游平山新堂　汪懋麟

堂成羣望愜勝賞衆歡同畫檻雲邊出松門寺外

通閌長宜雜樹臺敞正晴空五百餘年後依稀六一風

金長眞太守興復平山堂落成讌集紀事

黃虞稷

勝蹟垂今古風流見後先名邦恢傑構盛事嗣前賢歌吹喧閭井魚鹽富市廛岡因崑軸倚岫借蔣陵懸陳迹歸蕪没新題煥刻鐫翬飛誇日麗鼇奠詫雲連景物增新槩江山入舊妍眞成美輪奐無復慨桑淵慶歷承平永歐公出守專茲堂經作始平楚攬收全每命觀風駕時斟近寺泉五絃調淥

水百妓豔紅蓮楊梆風中檻龍蛇醉後椽人間金
馬客上界玉堂仙代謝悲巖谷登臨感逝川雲烟
一瞬改烏兔兩丸旋不見文章伯空餘梵唄筵佳
遊成寂寞憑弔起延緣復古思徒切乘時勢孰便
幾傷頽壞久幸覩昔觀還汝水恩波闊維揚雨露
涓來蘇賡豈弟敷政善承宣閣爲凝香静帷因問
俗褰簿書雖旁午逸興轉蹁躚退食行郊甸娛賓
盛豆籩雙旌虹旖旎五馬錦連乾庾鮑還聯座應
劉實比肩升高能作賦即席善題箋地映芙蕖曉
霞澄綺縠鮮當杯歌宛轉揮翰字蜿蜒馴鹿方來

駕啼鶯已報遷外臺分節鉞驛置卹危顛作牧三藩重題屏特簡甄遠沾河潤沃近接惠心闐吐握宏延攬過存度陌阡式廬勤道左擁篲失車前敢執衡門固空紆長者軿春風乍披拂碧蘚愈嬋娟翹首瞻雲漢畀躬力研田嗜書疑有癖得句喜應顛迂拙曾何取勃溲亦見憐藏宗羣望止滄海衆歸滙江左夷吾日襄陽叔子年請看三月化更補六朝篇

揚州金太守修復平山堂讌集和曹侍郎韻

毛奇齡

東閣人何在蕪城賦未傳每游吳苑去只愛蜀岡前地擅江都勝堂成慶歷年風流聞舊守登覽揖前賢山遠平如掌墻低甫及肩折荷分四座種柳並三眠漸覺春風度還看歲月遷重來送原父三過憶坡仙廣牖通樵爨空壇傍竺乾賓朋覽社酒妓散廣陵船何幸文章牧方從汝潁旋乘時聲籍甚懷古意悠然行部朱旂繞尋幽錦纜牽雲樓恢佛地月俸解官錢文杏安琱檻團花隱甃磚龍蛇遺字古魚鳥近人憐翠甸宜圖畫紅橋度管弦同舟攜郭泰開館得田駢我本平臺友忻觀鄴下篇

淮西三歲别江介一星躔末乘陪常晚長筵醉不
先到來追賦咏何似杜樊川

上巳平山堂修禊分得急字　彭　桂

蘭亭邈已遠往哲渺難及修禊值兹辰維舟傍江
邑平山踞郡勝蒼翠足攬挹歐公昔構堂千載猶
岌岌邇者鞠爲墟榛莽泫露泣大雅洵有待良牧
慨新葺修墜殫苦心事剏而非襲朝夕共衙齋經
營覩汲汲今來倏落成欣遇羣賢集出郭沿溪臯
登陸尋磴級朱栱層烟浮丹甍迴霄立彌望騁雲
端縱賞目不給南徐諸峯巒檻外如拱揖千帆帶

潮迴津樹壓城濕初柳綠未濃含桃紅尚澀茫茫
百感生俯仰周原隰光風汎遥岑披襟欣習習東
蘭非吾好搴若且聊拾前徽苟不泯廢興在呼吸
游觀安足羡令名良所急

平山堂圖志卷第五

平山堂圖志卷第六

寧夏 趙之壁 編纂

藝文四

詩三

國朝

恭和 高士奇

御製平山堂原韻

閒堂古徑蜀岡西霈霈江雲入檻低寒月磵花隨候落冷烟山鳥盡情啼纔因地迴

龍鑣駐郄喜庭寬羽衛棲傳説名臣遊賞處今經

萬乘有新題

平山堂應

制　汪士鋐

欽限七律體用八齊韻二首

六一堂高俯碧溪仙鑣玉輅擁臺西長天日影輝

龍轡滿徑松陰散馬蹄四野迥看青靄合遥山高與白雲

齊蜀岡此日看留

蹕珍重

宸章萬古題

聖主東巡駐竹西觀風攬勝到招提千官扈

蹕鳴珂入萬騎從行簇仗齊雲路霓旌松際出江天塔影
望中低
翠華臨幸傳
奎藻共仰怡情
御墨題

平山堂　崔華

烟樹蕪城外平山問古堂風流懷異代鞍馬駐斜
陽天闊江帆隱雲橫嶺鴈長廬陵名姓在花外斷
碑蒼

過平山堂懷王阮亭　曹貞吉

蜀岡南下俯平沙策杖登臨繫釣槎自是山光能悅客非關遊子不思家天垂白練江流闊門對丹楓驛路斜太息法曹今已去空餘灌木聚寒鴉

平山堂次東山先生韻　趙吉士

地脉通岷峨崇岡起天半繚城抱如屏瞰野峙若案滄桑竟何有陵谷變昏旦獨有六一翁歷久聲施爛古堂廢復興丹艧開榛蔓至今觴咏地風流永不斷政事與文章可知兩無畔我來訪遺跡長嘯冠屨岸看山憑危欄集客敵高閑詎云學士優寸陰分緡算編摩念先澤眞淳風未散追和平山

篇散辭語蕪亂淵源幸可師物我希同患劉入龍
蚍壁古今齊偉觀

泛廣陵西湖至平山堂　　畢際有

柳色蕭疎暮靄浮紅橋放櫂足夷猶雙扉隱見花
閒徑一水迴環竹裏樓日落人歸停畫舫荷枯天
冷立沙鷗歐陽遺蹟知何在隊隊牛羊下隴頭

平山堂中秋讌集奉酬金長眞觀察二十四韻

盛符升

蜀岡何逶迤平臨江上山山光落空翠紛羅几席
閒有堂自慶歷六一相追攀何期歷異代舊觀去

復還廢興感今昔憑弔思前賢踵事抑何美層樓跨其巔東瞰九曲池西掬第五泉平山共眞賞合沓爭高騫落成復修禊翰墨如雲烟此會當秋半明月滿江干瞻慕依榱桷瓣香肅敦盤寥寥六百載對越儼相看合坐同仰止次第披琅玕西園逐飛蓋相與勉歲寒曾聞芍藥圃賓主稱王韓中秋撰樂語淮海推詞翰昔我從濟南九日來盤桓酬和傾豪俊文酒留餘歡勝事每遥集詞人樂比肩千秋此登賞麗藻尤芊綿地以高賢重文緣嘉會傳堂前憶楊柳風流足後先管弦方度曲待月意

悠然蒼茫恣俯仰山川爲布筵

和王阮亭先生九日登平山堂雜感

盛符升

此日籃輿愜勝遊平山高閣對清秋春生坐上吟成卷再把茱萸泛碧流

六一遺蹤對晚霞叢祠古樹集寒鴉春風曾憶仙翁面師友歐蘇得幾家

紅橋

孫枝蔚

畫舫日將斜紅橋對酒家歌聲傳水調女伴折荷花明月臨城樹涼風亂野蛙竹西騎馬客歸路不

言賖

蜀岡　　范國禄

落日西風縱馬蹄、平陽岡上草萋萋不知來往人多少看盡水天雲樹低

避暑平山堂　　陶季

周遭鬣鬣萬株松穲竹千竿盡籜龍隨意蹋歌行不倦佛堂才打午時鐘

薄雲無定望中銷歷歷風帆信晚潮山色隔江青一抹不知何地是金焦

踈簾清簟兩相宜卧誦坡公雪夜詩才喜汲泉烹

茗後北堂聽雨又多時、

記平山堂相別慧公畧無消息　陶　季

觸熱曾過第五泉芒鞵箬笠暮雲天恖恖一飯輕舟去不見湯休又七年

平山堂　方象瑛

蜀岡何逶迤巋然出林藪雲霞時卷舒松竹蔭左右城郭杳靄中登樓重搔首緬惟慶歷年廬陵嘗載酒滄桑幾廢興臨風延佇久

初冬李艾山宋射陵宗子發李季子王景州歙州崑繩集飲平山堂分韻　冷士嵋

孟冬美風日登此平山堂結賞列迴眺俛視臨蜀岡參差見遠岫山色寒益蒼木葉紛且盡鴻鴈爭南翔充懷托遠寄歷覽何洸洋引勝發遥咏不覺頹夕陽輿人促歸騎落日遥相望寒烟起隴戍古道歸牛羊揮手各分去通懷安可忘

至日同梁藥亭暨同社諸子讌集登平山堂

卓爾堪

迢迢遺事說前人陳迹登臨又一新天地愛才餘數子江山占勝歷千春聚緣湖海關情遠飲藉詩歌發興眞至日喜無氷雪氣泉邊冬草軟如茵

遊平山堂　孔尚任

慶歷遺堂見舊顏晴空欄檻俯邗關密疎堤上千絲柳深淺江南一帶山文酒猶傳居士意烟花總待使君閒行吟記取松林路每度春風放艇還

早春泛舟至平山堂分韻　曹寅

倚天欄檻極空明吳楚風烟畫不成漱罷寒泉無一語竹輿歸去有鐘聲

戊子暮春書平山堂壁呈麗杲和尚　傅澤洪

幾折坡陀路漸平到來翻喜亂鴉鳴不須更問師

聞否且看松光挂晚晴

春日登平山堂　繆肇甲

六一存高蹤遺堂猶慶歷政事有餘閒曾此靜棲息古人不可見風流尚如昔雙塔揷霄漢微磬響空寂殘碑北宋留古寺南朝得春來山翠多倚欄試吹笛

平山堂　杜仁傑

政事與文章古來兼者寡卓哉歐陽公乃是名世者折花邵伯湖命妓傳杯斝登臨何多暇禾黍盈四野太守既風流賓客亦文雅坐對江南山翰墨

共揮灑我來何所見緇徒滿蓮社山木鳥來還山
寺鐘已打

登平山堂分賦　黄陽生

移舟未放酒杯空尋壑經邱路幾重黄葉半遮蕭
寺院虛堂平對遠山峯郡中賢牧來廉叔竹下浮
生有仲容誰信歡游郤惆悵鶴城秋盡又初冬

上巳平山堂試第五泉　黄雲

棲靈寺畔涓涓瀨細路松間我舊諳最是禊辰宜
水潔偏于鄉味覺泉甘吟詩客愛親寒碧洗鉢僧
多就石潭夕照馬嘶人去後獨留清淺伴烟嵐

上巳登平山堂修禊　何嘉延

我家會稽山蘭亭在其右陵谷世代殊荒蕪既以
久萍梗汎天涯歲月惜常負祓禊多勝游於吾亦
何有昨暮渡揚子扁舟繫堤栁清晨值上巳招攜
藉良友水邊非不佳所愛陟層阜遥指平山堂構
自六一叟有宋慶歷間賢喆踵郡守公餘恣游讌
搜奇遍林藪大雅渺雲烟琳宮踞培塿循牧與名
彦力任慨不茍豁達闢軒楹蒼茫納户牖岧嶢還
鉅觀一滌山靈垢非供耳目觀緬懷前徽偶乃知
宇宙大締造在隻手勲德不自立將同草木朽芳

非賞及時流連暢杯酒褰荔終與期贈藥漫相誘
鄙哉溱洧風挽此澆俗厚

紅橋　史申義

紅橋無幾曲秋水城隅長蓮葉已離披芙蓉正堪
賞安得攜童稺深深搖畫槳非同洛濱戲不比山
陰訪頗聞保障湖蒲葦清流廣水天自容與人影
久俯仰雅游無俗情勝地發遐想鳧鷖各成羣蛺
蝶見三兩秋蟬鳴古柳吾舟或可榜未知此生閒
當著屐幾緉

暮登平山堂　程文正

檥舟尋舊跡步屧到花龕碧樹迎秋雨蒼山帶夕
嵐僧閒踈磬遠地古野泉甘接翅昏雅亂遊人酒
正酣

同賀天士出郭雨驟不得到平山　姚曼

重過漫說古揚州行李同君此暫留十二樓臺千
嶂夕萬家烟雨一船秋但經好酒還移棹不到平
山亦勝遊才子況當逢賀監何妨抵掌笑清流

揚州　徐昂發

欄檻層層俯薜蘿文章太守昔經過花爭幕下紅
粧豔山借江南翠黛多酒拍玉船添畫燭香籠繡

毯試鑾韡春風楊柳垂垂緑腸斷蘇公一曲歌

上巳過平山堂　查愼行

發軫維揚城迢迢入塵陌不逢湔裙女但見騎驢客平山平似岍夾路植松栢堂空感良遊事往念前哲當時手種柳搖落那禁折暫此駐征鞍一帘風向夕

平山堂　蔣菁

堂前楊柳手經栽江上晴嵐望裏開自是蘇公三過後惟聞鐘磬鎖蒼苔

由紅橋至平山堂　劉家珍

十里春沙襯馬蹄垂楊兩岸野雲齊今朝自分遊湖早已有笙歌在竹西

遊平山堂　劉師恕

一船載童冠往眺平山春棟宇存名蹟風流見古人虛牕收遠色浮世藐微塵更欲乘風去東尋若木津

平山堂懷古二首　王式丹

登樓一拜思無窮闌檻依然拱萬峰幾度春風別楊柳于今夕照冷杉松冠山梵閣題新額伐石名泉寄舊蹤異代風流勞悵望也拚一醉飲千鍾

廣陵佳處敞層雲天地蒼茫自古今江霧乍披風疊疊晚烟欲落樹陰陰鐘聲坐接諸天近磵道行穿一徑深林下何人供茗器清泠半勺洗煩襟

揚州懷古　杜詔

一上平山堂再拜歐陽子歌吹古揚州風流名刺史政暇縱游宴看山輒來此蜀岡綿亙外京口蒼茫裏時移采花舫座列傳花妓酒闌載月歸荷香攜袖底誰誇金帶圍富貴良有以花開豔葳蕤花落傷榛杞惟有檻前山歷歷江頭起

平山堂懷古　顧嗣立

霜銷雲氣收日脚正亭午江光動碧瓦隔岸青可
數吳山隱密林淮岫矗極浦積陰挾寒濤勢欲到
堂廡緬懷六一翁流風邁千古傍崖置棟梁於焉
運斤斧堂成集羣僚清詩日吟苦渡水采芙蓉皓
腕牽纖縷翠娥趁月歌紅裙蹋筵舞遂使狐兔場
翻作圖書府茫茫五百年勝事今誰覩空餘三字
顔斗大映屋宇想當下筆時肘腋勞撐拄著紙墨
淋漓力挽千鈞弩形如鸞鳳翔結構各綴補歲久
墨花妍疎宕更媚嫵摩挲不忍去但以指畫肚夕
陽亂平蕪黃葉響山塢蜀岡鳥上下棲靈送鐘鼓

何當春明來松翠潤細雨展茵印庭緑桃泉咽石乳醉翁許爲徒千載作賓主

平山堂讌集用壁間坡公次王居卿祠部韻

唐建中

守土風流兩居士一翁愛醉一翁醒何妨歌舞環珠翠不少功名照汗青潮帶中泠長似練雲横北固宛如屏吾曹未老江山在看取高樓俎豆馨

議復保障湖舊蹟

徐陶璋

湖留保障名舊入廣陵志城北引迴瀾魚鳥雜荷芰來往畫鷁通溉田長禾穗歲久感滄桑湮鬱失

水利邑里有名賢慷慨陳大吏故道須鑿疏唱和興復議此議雖已寢經國非細事同儕寫短歌留待采風使

汪木餅招同諸子花朝集平山堂　徐陶璋

平疇一望蕪城北堂開高敞延清風山浮遠勢看隱見墻留雙影撐青空君家詩老眞好事頽垣斷綆修人工身後傍臺成馬鬣神靈欲伴歐陽公春光滿眼集裙屐擘箋飛盞花香中我來覯此良宴會斜陽映樹穿玲瓏

汪木餅招同諸子花朝集平山堂　唐繼祖

千林雨歇春昌昌數株風柳摇虚堂江螺點疊青
墮酒來與六一分山光當時主客不可見韓林片
石惟貛郎壁間宋碣惟荆公一人二老吟蛻亦久化雜花狼
藉空原香北皐覺堂兩先生修復山堂頗極文酒之盛今皆葬山側大雅日遠
才力薄暫澌塵土清中腸名泉一瓯吹佛火松寮
落日聞笙簧

汪木餅招同諸子花朝集平山堂　方肇夔

南徐諸峯羅畫屏虚堂直與諸峯平堂上摇毫翦
江水頓令秀色江天横木餅弟昆今二陸蠻榼招
客凭風櫺百花爭圍沈宋席酒酣落紙春蠶聲天

光雲影盪胸臆步虛髣髴來湘靈漫誇山青因吾曹吾曹眼爲青山青

議復保障湖舊蹟　汪天與

廣陵據天心佳麗擅夙昔寶帶河繞郭蜀岡扆其北中開十里湖一望涵空碧所以鍾靈區財賦天下積嘗聞抵平山揚舲競挂席如何長葑非日久漸壅塞但許浴鳧鷖扁舟不可刺何當復舊觀吾儕任其責

平山堂　張大受

六一風流迴莫攀常留佳蹟愛平山四衢城郭喧

闌外千載樓臺杳靄間石磴吟聲松響入夕陽杯影鳥飛還登臨我輩空今昔獨爲高文憶醉顏

重九前三日平山堂和友人韻　徐葆光

登臨到此轉茫然高閣平山出遠天前輩詞場吾輩共三分弦月二分先隔江山在無中有異代人豪廢後傳堂外芙蓉尚如舊背人獨醉夕陽邊

八月十六夜平山堂待月　方原博

八月十六夜待月平山堂是時獨陰黑好景疑虛將飲以酒一石趣以詩數行高歌寫清韻天聽從來長初出在雲裏隱隱含金光少時北風大驅雲

如驅羊忽然平樓白竹樹浮元霜不見轉東向稍喜來深廊望滿笑老眼遠覺松煙黄更有影在水橋冷空庭凉人靜散琴弈石路斷秋香城頭明鼓角星露回朝陽憶昔六一子吟嘯遥相望月自有隱見遊賞無偏妨今我得此夕何事生清狂玉成應知感不語高蒼蒼

過平山堂　　方貞觀

五年重到路依稀滿檻松篁正落暉極目雲歸和鳥疾隔江山遠見煙微物情捐棄拋團扇人事炎凉感袷衣莫更繞廊尋舊蹟共題名輩半都非

載酒遊平山堂即目成韻　張鵬翀

幾度平山載酒遊畫船雲幕敞清秋微陰綠浪紅闌裏不用笙歌列兩頭

游平山堂　張廷璐

蜀岡留勝蹟結構俯郊坰雲樹平高閣烟帆接遠汀野延當檻綠山撫隔江青太守風流在千秋未杳冥

平山堂燕集用韓孟會合聯句韻　程夢星

禮經索居愁易交盍簪重倦遊朋方來未見意先勇孟夏草木稠空郊羽毛聳駕言神輿輕寄咏心

源涌懷抱茲以開山川昔多壅鄣函易寫憂把袂難接踵舊雨憶東西停雲望邱壟既結良辰歡轉生後時恐薄俗趨利塲吾輩讀書種晤語斥煩囂論文戒閑冗塵外敞虛堂松陰弔詩塚先外祖汪蛟門先生墓在堂側蹟勝往古遺風和惟日寵嵐影過平疇江光挹雕栱俯瞰志自怡歷險魂無恟柳枝初嬋娟吟情爭供奉諸君妝駢羅鄙材恥瘦腫緬懷北宋時即此南榮擁橫笛官奴吹擘牋營妓捧散步聽春鵑閑謔答秋蛬走或張籍儷立似孟郊尷咄哉維歐蘇惜乎欠轍蹕當年少倡酬同儕想雜鰇至今

共登臨千載使愓悚世遠蓬卷風地靈芝茁茸何期集楩楠遂令燦珩珙高會盟晉齊兼才得蜀隴洒痕衣淋漓墨瀋案清溶放狂謝羈韁脫畧笑拘拳逸韻有流傳得法在嫡家公等抽繭絲我獨困蠶蛹九萬鵬應摶一足夔亦踊蝸舍老藏身鳳巢看養氄蕩蕩天門開坦坦大道甬漢上且題襟人海行洶洶

平山堂　程夢星

歐公到處爲齋堂揚州結搆依蜀岡政清俗化有餘暇簿書不遺妨清狂眼前突兀非舊屋興頹舉

廢無時荒詩詞下筆妙一世和者傑手皆蘇王至
今文士勝遊集春秋排日提壺觴四方過客偶信
宿好名亦必停游轠雄樓傑閣滿天地斯堂不與
衡低昂山平水遠妙蘊藉畧如歐老行文章南徐
北固隔鄉縣憑君眼力收江光夷陵畫舫更何所
倚闌懷古山風涼

議復保障湖舊蹟　程夢星

誅茅近蜀岡東枕長湖曲每苦葑草繁頗礙鷗鷺
浴昔聞北湖水淪漣千頃足豈惟利灌溉荷芰供
遊目自種青泥芹遂令沙嶼促販夫競刀錐勝蹟

未易復憑誰挽清波貯此呀然腹小艇時一來高吟倚修竹

蜀岡尋古蹟　　程夢星

曉上崑岡日暮還試披荆莽共躋攀文章難問歐蘇外政學猶追胡范間剩有濁河東注水誰知蒙谷舊傳山叢祠古剎無人到更剔殘碑積蘚斑

遊平山堂　　查祥

耳熟堂名識面初平生來往歎麤疎山隨江遠皆如俯地以人傳信不虛有客尚能知載月因公兼欲想環滁名區往往多僧占碑碣閒從洗剔餘

寄題蓮性寺東園　蔣溥

遙聞賀監最風流吟遍蕪城寺寺樓楊柳陰濃忘溽暑芙蓉豔發採清秋百城豈獨圖書富三徑還從求仲遊我亦江南憑眺久何當問訊到林邱

冬日登平山堂和王阮亭先生韻　張湄

紅橋柳老葉墜霜巢烏啞啞啼朝陽蜀岡西望竦層構繚白縈青天一方萬株松翠罨微逕木魚響出林中堂廬陵題字無恙在蛟龍盤鬱雲烟蒼我來雖逢黃落後水石明秀堪相羊第五泉亭坐瀹茗閒呼野叟談柴桑江南諸山紛到眼長流天塹

嗚湯湯歷刼猶新六朝寺剎竿森立旗飄揚更倚高樓眺直北遠帆如鳥墮渺茫眉山淮海久寂寞但有陳蹟留篇章白頭懷舊心菀結安能復鬬詩力強寒凝磵壑日色澹古梅籬下枝低昂絶憐蕪城顚頓客歲晏不得停征裝

遊蓮性寺東園贈賀吳村二首　朱星渚

保障河上擁林巒闌檻多憑次第安已慣乘船似騎馬雅能結宇待驂鸞（有祠有閣皆仙界也）屏風峙後容徐歷鏡面當前許縱看直把君家湖一曲移來此地共盤桓

歌吹紛紛鎮日忙更誰買地闢閒堂幽偏好傍千
花墻曲折多巡百步廊得氣龍蔥撐老樹梢雲青
翠挺新篁遊船徑過長凝望占取風流在上方

揚州東園　屈復

東園聯舊約遊理自無邊寺隔琅玕曲風清玉樹
前閒吟尋至味烹茗汲新泉忽聽西鄰磬花間落
晚烟、

寒食前五日泛舟紅橋二首　陳撰

嬉春原不厭纏綿、況是皴雲嫩日天憶得故園春
信早淡紅香白過湖船

緑蕪烟冷畫橋空一夜春聲入雨中百六已臨寒食近桃花吹轉杜鵑風

曉上平山堂　周師周

萬松亭畔古秋壇石磴高低露未乾一氣早分花界白六時初下日車寒岡連巴蜀傳疑久人到歐蘇繼起難指點隔江山色近臨風懷古涕汍瀾

平山堂　汪從晉

載酒郊原作勝遊蜀岡放眼恰逢秋平湖荷蓋香浮岸入耳松濤風滿樓明月二分招舊雨遥山一桁豁閒愁古泉新闢桐陰下多少茶甘舌本留

同程友聲紅橋夜汎　　厲鶚

月黑水深荷葉路涼螢無數繞船飛與君今夜紅橋酒不負揚州白苧衣

四月十八日同人泛舟紅橋登平山堂送全紹衣入京　　厲鶚

邗溝夏水漲城陰積深翠酒舫壓草痕經年還一至故人四明客含香識名字太學待何蕃少年推賈誼合并有同岑縶維情莫比來聽郭公啼暫爲鰣魚醉人生赴功名時乎偶然遂壯觀留長吟自足千古意西上陟蜀岡新亭亦佳致歐公遺構在

清氣激松吹歷茅司徒廟眺謝司空寺凉雲遮疎鐘平楚碧無次離愁生其間紛來不可避惟願追前修遠轡從此始

程洴江編修招集篠園水亭分韻　厲　鶚

虛亭俯烟渚客到眼初明沙柳侵天影風蒲學水聲醉宜摇櫂去詩向倚闌成地主饒幽興流連待月生

茅司徒廟迎送神辭并序　厲　鶚

廣陵蜀岡平山堂畔有茅司徒廟相傳神五人茅許蔣祝吳其姓也茅名勝異姓約爲兄弟過

谿旁見一嫗共母事之嫗爲虎食五人奮力殺虎地自是絶虎患予案南史梁王琳爲陳將吴明徹所殺故吏朱瑒等請於陳徐陵還其首葬八公山側尋有揚州茅智勝等五人密送喪柩達于鄴通鑑揚州作壽陽是時以壽陽爲揚州也琳舉兵平侯景遭時多故閒關異國欲以存梁而卒死于戰五人非親故能送其喪柩還齊誠義士哉當時江淮閒思而祀之隋封司徒廣陵之廟最著者以宋紹定中有陰殲李全功也母嫗事近不經驅虎之説或有之韓江雅集同

人爲迎送神辭分得此題因爲辨證如左使事

神者有考焉

絙弦兮鼓籠銅飛雨兮江岫東戈彗野兮旗戣空

神之從兮建寧公青林兮望篝火於菟兮弭道左

八公山側兮三臺下雲車未來兮我心苦

斗野平兮烟羃羃羃羃佇連蜷兮夜吹笛殪新塘兮銳

頭兒回風颯兮降穀姿福我氓兮大有曷報之兮

昔酒神醉止兮歸無方淮月升兮明古柳

五烈祠　厲鶚

斜日陟崇岡新搆麗丹雘江光屋角明松色簷際

落緬彼五貞媛下里質婉弱既靡傅姆訓尠習公
宮約松心生本直大義肯偷薄池女未結褵良人
事邊柝鐵衣爲國殤聞耗正驚愕高堂昧倫常妄
議動媒妁雁影誓不移雉經死非錯皎皎冰雪姿
同心實維霍知名甫及旬已定終身託比翼拆鴛
鴦秀頸付干鏌曰啻事更奇威姑汙帷箔從以二
女叔倚市爭笑謔素絲豈易緇良玉寧受灼縫紉
到袿裾畢命付冥漠更有二女宗秉心最端恪柔
順事賢夫箕帚自操作或招蠻溪魂或化華表鶴
決然殉幽泉相見面無怍維風激義舉買地費私

橐築祠倚平山下窆開翠甃馬鬣勢龍蓯烏頭儼
飛躍野媼薦蘋藻頓巫喧鼓籥巾幗有如此鬚眉
徒自襮囘風溪雨來靈旗下紛若

項越莊招同潘秋田陳東麓張南漪家蘭谷泛舟
紅橋至平山堂納涼晚歸　　施　安

出郭小艇如泛鳬屈曲遠見紅闌紆風輕亂颭水
楊柳橋轉忽刺青菰蒲名山可許三宿戀老僧猶
話六朝無松聲大可滌煩暑坐看夕景明烟蕪

萬松亭　　吳可馴

游塵不可浣長嘯入青靄穿林露滴衣風引到深

隘誰歟繕孤亭倒影儼張蓋仰攀雲陰低俯見江流大殘鐘裊林杪一鳥白霞外曠懷得舒寫似茶破昏昧選勝未有定坐領此爲最晚風作溪喧但想漱寒瀨

夏日遊平山堂遇雨　陳章

片雲隨竹輿客到雨亦到平疇失百里虛堂淒四隩風雷憐檢束揮霍資嘯傲點急濺成珠溜猛併作瀑同遊半吳儂蠶麥計豐耗符欲晝丙丁術復占裨竈篁蘜憶嚴陵烟波思陸瑁變換不逾時煩溽盡如掃陶陶孟夏交寂寂靈境造移樽睇新樹

緑色引前導斜暉靄松門殘滴濕藤帽山出江氣
低池淨天容倒林清獨鳥翔塘白羣蛙噪物理靜
自悟樂極防生懊歸途積潦横相與慎所蹈

祝荔亭招同高西唐厲樊榭泛舟紅橋登平山堂

陳　章

祝君隱微官胸中飽書味瀟灑藍田丞酸寒溧陽
尉春愁知我若連環呼船載酒蕪城灣羅袖飄香
簾影動墻花吹雪園扉關總是羈人歸未得但可
登望江南山江南山色時近遠晴波浮動江波暖
嫣然如笑静女容影落尊前紅玉盌回舟眺望青

松林一抹餘霞半遮斷星光高映柳條疎水紋細
織蘆芽短寒食清明次第來黙黙鄉心誰爲管木
腸最有高隱君已卧長瓶猶飲滿

平山堂秋望　陳章

堂開集秋氣島下見平原雲薄横崑軸山青淡海
門鐘鳴人自寂木落鳥隨翻欲慰蕭條目翻成憶
故園

初冬嶰谷招遊平山堂　陳章

拘檢易爲樂堂空眼界寬平林生遠岫高檻入初
寒鐘動塵襟寂秋成野意歡風吹池上影白水憶

漁竿

獨游紅橋　　陳章

荒涼北郭外野步愛晴泥買醉過橋去吟詩到日西晚鵶楊樹壠寒蝶菊花畦適意還忘我浮名米一稊

上元日遊平山堂晚歸　　陳章

別戶登臨出梵宮看山雙眼盡於東孫遊且負當杯手小住偏多弄袖風野鶴立依春水動踈梅點向晚天空歸途擬踏今宵月不要星毬照路紅

重濬保障湖　　陳章

舉臿如雲集水工五塘分溜百泉通莫言開濬無多地也有星辰應鼈東

一條新展碧玻璃荇藻初生荇始齊簫鼓畫船都未放最先拍拍是鳧鷖

上元後一夕南圻招遊平山堂看月四首

符曾

平山堂下月中行泉水梅花分外清可惜遊人盡歸去祇將絃管肆春城

一痕烟抹春山碧半嶺聲迴晚寺鐘此境自佳須會得醒人寒吹有風松

見説山行不待呼帽簷花壓笑胡盧風情未許消
磨盡還有春愁到客無
清游最愛是煎茶手汲春泉試露芽舌本可能知
水味風爐記取玉川家
秋日放舟紅橋小飲　王藻
明流曲折樹侵堤小棹疎簾畫榼攜紅略彴低船
緩進玉參差歌草長蔞池塘衰柳雌雄燕籬落秋
花子母雞薄飲微醺歸路晚一天涼露下蓮西
紅橋秋褉詞四首　王藻
十三樓畔問扁舟硯具隨身出郭遊柳黛荷纕漸

蕭瑟紅橋風物入新秋
風約蓮香度碧潯木瓜酒釃過花斟一聲隣舫飄
歌版喚起瞢騰十載心
兩岸人家夕鏡涵水邊籬落見江南女葵未斂牽
牛放一種微黃映淺藍
日落岡巒翠漸微水昏烟淡畫船歸晚風乍起衣
香散便有涼螢幾箇飛

平山堂秋望　馬曰琯

前賢遺躅地風韻至今留剩有寒泉冽空餘梧葉
秋江澄三面繞山遠一樓收冉冉斜陽下鐘魚起

客愁

夏日集篠園　馬曰琯

時候黄梅近林亭宿雨晴早荷争水出晚筍上階生雲影過橋斷茶聲隔院清可憐城市客無復此閑情

東園春雨堂　馬曰琯

紅橋橋畔足烟蘿一代繁華付逝波如此春光如此雨竹西今日已無多

秋日篠園分韻　汪玉樞

爽氣豁林巒連鑣出城郭沿溪詣篠園熟遊徑不

錯隔墻叢桂花迎人香漠漠冷翠穿修林濃陰繞
山閣肅景值晴暄商飈轉蕭索籬菊未敷榮庭柯
半搖落華滋獨小山清芬燦緐蕚且住即吾廬一
餉亦有託昨非事趨迎今乃解纏縛薄醉躭清幽
聯吟破寂寞少焉明月生逍遥共斯樂

南園池上十二韻　汪玉樞

背郭溪流靜闢園傍佛幢築堤因種柳鑿沼爲通
江雲影經秋薄潮聲到曉淙平橋低似凳虛閣窄
於艭苔色常侵壁山光遠入牕徑非騎馬路門有
繫船椿林杪棲幽鳥籬根臥小厖高歌多漫興短

笛任無腔就石安茶竈看花倒酒缸躭吟聊自適
鬥飲幾曾降漁艇烟汀集僧鐘野寺撞落霞天欲
暮鷗鷺去來雙

上元後一夕南圻招遊平山堂看月二首　汪玉樞

遊人去後倚平闌闌外金波萬頃寒不是探梅乘
夜至滿枝香月讓誰看

滿城燈火一年新偏愛虛堂寂寞春山月江風最
無賴故應清境屬閑人

平山堂秋望　吳家龍

憑高極目正秋空江北江南一望通香稻晚肥霜籪蟹殘砧寒急暮天鴻廣陵濤湧思枚叔招隱山深憶戴公此日登臨更懷古幾行衰柳夕陽中

自浙西歸里登平山堂　吳家龍

越水吳山幾逗遛歸來重眺蜀岡秋青臯碧樹都如舊只有遊人已白頭

賢名千載仰文忠何幸蕪城得兩公天末會稽還在望自慚庸吏拜清風

上元後一夕南圻招遊平山堂看月二首　洪振珂

乘興春宵結隊游泉聲穿澗瀉清幽引人最有娟
娟月吟上烟中古寺樓
月浸花光水浸臺遍開池館步蒼苔微風莫緲寒
潭色要看松篁倒影來
上元後一夕招同人遊平山堂看月二首
陸鍾輝
玲瓏松影畫圖間清磬傳聲入耳閒佛火龕明山
院靜破禪人至啟禪關
歷亂寒香散夕曛倚闌如雪遶闌雲林中清唳不
知處鶴與梅花淡不分

秋夜宴平山堂　祝應端

愛客開嘉宴風清氣爽天桂苞初見坼山月未全圓紅燭夜宜醉白頭秋可憐名園絲竹歇高詠獨翛然

平山堂　許濱

足可登臨散客愁不妨洗屐數來遊泉香汲井澹如雪山色隔江平到樓已少龍蛇遺舊蹟但餘楊柳尚禁秋文章知己歐蘇後試問人能繼此不

蓮性寺東園作　朱禾

上上平山堂中途須小憩清波一間之微覺陂陀

異香車得得畫船撑次第經過水際亭爛熳鶯花看不足流連歌吹有時停是間名勝堪遊覽尋常不可無闌檻賴有河汾風雅人分林割地加烘染飛軒窈窕修廊通欵留佳月延清風山石犖确高梧桐繁花長蔓紛青紅新篁橫發似碧玉老樹拏攫如虬龍遊人縱目開心胸隔江一桁陳千峯上方傑閣翬真宮鳳鸞往往來長空定然過訪六一翁參同契旨合易論仙宗大約同儒宗淮南桂樹香叢叢主人燕集多勝槩我亦欣然淹客蹤

八月十六夜平山堂待月　釋　行吉

昨夜月上遲初更猶未吐今宵繼歡宴澄懷瞻玉
宇汎汎雲無心沈沈山欲雨空此一樽傾徘徊步
深廡孤螿泣野草斷雁掠遠浦軋軋莎雞鳴點點
殘螢舞荒原照鬼火孤村響戍鼓秋聲獵疎梧夜
色暗林莽張琴不復彈逡巡出倚户非無驚人句
意敗那復取造物吝奇賞不與此快覩莫益吟情
豪轉增俗目瞽蕭蕭罷良晤愴愴空懷古豈待高
興闌翻來挂環堵

平山堂圖志卷第六

平山堂圖志卷第七

寧夏　趙之壁　編纂

藝文五

詩餘

宋

朝中措　平山堂　歐陽修

平山闌檻倚晴空山色有無中手種堂前楊柳別來幾度春風　文章太守揮毫萬字一飲千鍾行樂直須年少尊前看取衰翁

西江月　平山堂　蘇軾

三過平山堂下半生彈指聲中十年不見老仙翁壁上龍蛇飛動　欲弔文章太守仍歌楊柳春風休言萬事轉頭空未轉頭時皆夢

菩薩鬘　淹泊平山堂寒食節固陵錄事參軍表弟周元固惠酒爲作此詞

黃庭堅

細腰宮外清明雨雲陽臺上烟如縷雲雨暗巫山流人殊未還　阿誰知此意解遣雙壺至不是白頭新周郎舊可人

八聲甘州　揚州次韻和東坡錢塘作

晁補之

謂東坡未老賦歸來天未遣公歸向西湖兩處秋

波一種飛鷺澄輝又擁竹西歌吹僧老木蘭非一笑千秋事浮世危機　應倚平山欄檻是醉翁飲處江雨霏霏送孤鴻相接今古眼中稀念平生相從江海任飄蓬不遣此心違登臨事更何須惜吹帽淋衣

虞美人　向子諲

去年雪滿長安樹望斷揚州路今年看雪在揚州人在蓬萊深處若爲愁　而今不恨伊相誤自恨來何暮平山堂上舊嬉游只有舞春楊柳自風流

水調歌頭 平山堂用東坡韻　方岳

秋雨一何碧山色倚晴空江南江北愁思分付酒螺紅蘆葉篷舟千里蘋菜蓴羹一夢無語寄歸鴻醉眼渺河洛遺恨夕陽中　蘋洲外山欲瞑斂眉峰人間俯仰陳迹歎息雨仙翁不見當時楊柳只是從前烟雨磨滅幾英雄天地一孤嘯匹馬又西風

朝中措 平山堂和歐公韻 沈端節

天遥野闊鴈書空山遠暮雲中目斷江南烟雨間來敧枕松風　功名富貴何須計較烟際疏鐘解道淡粧濃抹從來惟有坡翁

絳都春 次韻趙西里遊平山堂　　張榘

平山老柳寄多少勝遊春愁詩瘦萬疊翠屏一抹江烟渾如舊晴空欄檻今何有寂寞文章身後喚囘奇事青油上客放懷樽酒　知否全淮萬里羽書靜草緑長亭津堠小隊出郊花底賡酬閒時候和薰幬幙垂春晝坐看蓉池波皺主賓同會風雲盛名可久

朝中措 平山堂次歐公韻　　張榘

誰云萬事轉頭空春寓不言中底問垂楊在否年年一度東風　憑高慨古英雄亦淚我輩情鍾事

業正須老手清吟留與山翁

好事近　九日登平山和王帥幹應奎　張棨

素壁走龍蛇難覓醉翁真跡惟有斷岡衰草是幾番經歷　紫萸黃菊又西風同作攜壺客清興未闌歸去負晴空明月

摸魚兒　九日登平山堂和趙子固帥機　張棨

望神京目斷烟草青天長劔頻倚香街十里珠簾月空想當年華麗堪歎處沙靄蒹葭咿軋雁聲起平山謾記悵楊柳春風晴空欄檻陳迹總非是

重陽好紅葉黃華滿地良辰美景如此青油幕府

傳芳舉萬萬露濃花氣還更喜看玉闌規恢笑騁
伊吾志塵清北冀便向關洛聯鑣巍巍冠佩麟閣
畫圖裏

唐多令 九日登平山堂和朱帥幹　　張榘

斜日淡無烟重陽又一年悵垂楊幾度飛綿只把
晴空山色看多少恨倩誰戕　沙鷺暗中原桄戈
誰夜眠儘今宵且醉花邊準擬來秋天氣好重把
菊嗅芳妍

元

臨江仙 和元遺山題揚州平山堂　　王奕

二十四橋明月好暮年方到揚州鶴飛仙去總成
休襄陽風笛急何事付悠悠　幾闋平山堂上酒
夕陽還照邊樓不堪風景重回頭淮南新棗熟應
不說防秋

國朝

朝中措平山堂　王士正

平山堂外又東風寒食柳濛濛欲訪歐公何處寒
烟暮靄連空　仙翁已遠髯公復去文筆誰工南
望金焦兩點江天依舊飛鴻

浣溪沙二首紅橋懷古　王士正

白鳥朱荷引畫橈垂楊影裏見紅橋欲尋往事已魂消　遥指平山山外路斷鴻無數水迢迢新愁分付廣陵潮

綠樹橫塘第幾家曲闌干外卓金車渠儂獨浣越溪沙　浦口雨來虹斷續橋邊人醉月橫斜棹歌聲裏采菱花

朝中措 平山堂次歐公韻　陸求可

江山環繞野堂空一望兩眸中仰止歐陽遺蹟千秋誰繼高風　竹林消暑荷香過雨紅袖金鍾來往扁舟載月忘機好狎漁翁

朝中措 平山堂次歐公韻　　程康莊

平山晴色繪秋空雲影大江中昔日遺蹤何處只餘白草悲風　踟躕四顧荒城落照破寺疎鐘風物向南差勝江湖郤羡漁翁

朝中措 平山堂讌集　　吳山濤

登臨醑酒散花驄高閣上盤空指點江山幾處斜陽雨外猶紅　瓊筵醉客揆天麗藻競道吾公水部分司太守千秋絕調同風

江月晃重山 平山堂　　吳綺

萬朶芙蓉曉日幾年楊柳春風簪花行酒望江東

人爭羨六一有高蹤　壁上龍蛇已往檻前鷗鷺
相從倚欄長嘯憶仙翁雕簷外千丈海雲紅

朝中措 平山堂次歐公韻　　金鎮

烽烟鐘磬總成空往事夕陽中重構雕甍畫檻還
他明月清風　廬陵杳邈千年此地精爽猶鍾留
我名山片席迭教做主人翁

揚州慢 重建平山堂落成　　金鎮

碑洗莓苔僧移鐘磬巍堂重創巖椒與醉翁坡老
千載締神交最喜是纔捐鶴俸競勸鳩工便揷丹
霄把廬陵重付揚人俎豆休祧　流嶶餘韻夙平

生仰止山高愛花種無雙泉名第五共鬪清標朱栱碧欄之外雙峰隱對峙金焦望環滁不遠往来風旆雲軺

東風第一枝　上巳平山堂宴集送南溪學士入都和韻　汪懋麟

蝶舞花殘鶯飛草長春愁此會都亂騁懷六一堂邊高會五泉亭畔佳辰修禊更興感萍分蓬斷趁今朝尊酒花前明日河橋柳岸　京洛下舊遊總换長樂外曉鐘遠喚名卿半在公門好褰後堂絳幔君王市駿誰得似飛龍血汗問蒼生宣室重開應歎老成無伴

念奴嬌 小春紅橋讌集同限一屋韻時有魚校書在坐　陳維崧

霜紅露白借城南佳處一湌秋菊更值羣公聯袂到夾巷雕鞍繡軸一抹紅霞二分明月此景揚州獨揮杯自笑吾生長是碌碌　且喜絕代娥媌元機娣姒更風姿妍淑惱亂雲鬟多刺史何況閒愁似僕小逗琴心輕翻簾額一任顛毛禿倚闌吟眺雲鱗噴起如屋

朝中措 平山堂次歐公韻有序　毛奇齡

揚州平山堂傾廢久矣康熙甲寅冬十月予過揚州值太守金公從古處重建命予以酒且勸

歐陽公朝中措原詞使座客續其後予思歐公贈劉原父詩時平山闌檻方盛猶然睠念手植若有感于春風之易度者况距公千載而興是堂其藉于世之為原父者豈鮮也因被醉書此詞附座客後

青山猶在畫闌空人去夕陽中不道十年重到還披此地清風　蜀岡無恙堂成命酒一聽歌鐘未識後來太守是誰能繼仙翁

長相思　紅橋尋歌者沈西　　朱彝尊

石橋西板橋西遥指平山日未西舟來蓮葉西

人東西水東西十里歌聲起竹西西施更在西

賣花聲紅橋後遊寄懷周翰柯　朱彝尊

雁齒小紅橋惟以招邀一渠春水柳千條正是江南好風景烟月迢迢　孫夢楚山遥各自無聊玉人何處教吹簫客路不歸秋又晚木落蕭蕭

揚州慢平山堂寫懷　李符

蘭若荒涼竹籬迤遞引人幾點疎鐘遶堂前好景都籍隔江峰醉翁後誰爲種柳眼邊空濶狂殺西風是何村老樹霜凋忽墮輕紅　揮毫萬字定沈埋蔓草烟中但有地登臨便攜雙屐莫問西東況

去吾廬未遠紅橋路不算萍蹤奈方進還遠榜人
催上烏篷

念奴嬌 小春紅橋陪王西樵先生及諸公讌集同限一屋韻　宗元鼎

廣陵烟暖逗陽春十月偏嬌絲竹北郭亭臺風日
好曲檻廻廊小屋客戯芙蓉才推吏部依約寒塘
緑人分八韻烏絲細寫盈幅　況有買恨王孫價
高香甚憨愛筵前玉縱飲千杯休惜醉莫負酒濃
茶熟一曲清歌半篙流水畫舫歸相續暮鴉又散
岡頭月照林麓

水調歌頭 聞趙恒夫榷使平山堂讌集遥賦一調却寄　唐彦暉

九月秋容好紅樹映芳洲崇臺傑閣平山高處恣遨遊聞道使君開宴還似歐公召客四座盡風流遥想登臨日高會比丹邱　紅氍布侯鯖設玉蛆浮金罇檀板霓裳疊舞不知愁粧點滿城風景招集一時騷雅珠玉百篇酬歌吹竹西地千古説揚州

山花子 平山堂即事　羅坤

天氣濃酣水碧藍紅橋新柳緑毿毿畫舫誰人歌法曲訝何戡　芳草平山山下路廣陵小女藕絲衫指點遥山烟淡處是江南

雙調望江南 楊柳風上平山堂作　宗之瑾

平山柳春晚碧烟籠爲憶歐公曾手種別來還舞舊東風可與昔年同　重眺望獨立盼斜暉油壁車停芳草外玉簫聲歇畫船歸好景尚依稀

滿庭芳 登平山堂　汪文柏

廻合山岡參差竹樹憑闌佳景全收高賢結構壯麗甲他州堂外垂楊手植春風裏金縷輕柔今何在空教指點六一舊風流　三庚停皂葢藕花折取紅袖行籌漸歸來酩酊弄月乘舟我欲摩挲短碣空漫漶難覓銀鈎低徊久夕陽西下漁唱起邗

溝

點絳脣 紅橋　　沈岸登

紅板橋頭酒旗搖曳花村裏綠楊如薺兩岸疏籬綴　羅袖生涼簾影荷花細清歌起半篙秋水一抹平山翠

偷聲木蘭花 紅橋即事　　鄒祗謨

綠楊城外平山路五里香塵消煖霧水碧迢迢溪北溪南出畫橋　酒旗閒向青陰捲黃鳥一雙籬外囀堤畔人家風細秋千影半斜

望江南 平山堂　　王式丹

揚州樂寒色滿平山檻外烟銷千嶺出溪頭風定一舟還長嘯動江關

齊天樂 春日集平山堂　程夢星

趂晴才問平岡路冷烟亂雲新埽樹不遮樓鐘偏渡水僧亦喜人頻到高堂遠眺記風引泉聲月移琴調幾度閒吟又隨松逕下殘照　誰留眞賞似昔歎仙翁已去空憶坡老比部詞工漁洋名重當日清遊頓杳春寒料峭更我輩登臨一時憑弔只有山光向人青自好

湘月 丁巳仲冬程仰山招同馬貽仙汪學軒攻石許江門卞衡平泛舟紅橋徒步平山堂小憩

余滯滛旅人不到此三年矣兹遊樂甚譜詞紀勝且歎良會之非偶然耳

江炳炎

廿年舊友恰重逢快比搏沙相聚緩泛扁舟過多少照水人家總户敗葉聲乾斜陽影瘦慣伴寒鴉語紅橋目極冷雲閒似堆絮　乘興曳杖平山依稀猶記得臨歧村路丹碧參差最好是松裏層層佛宇拂石題名衝風燒酒只怕傷離緒者番弦合肯教容易歸去

龍山會　重九日同馬相如黎渭北許江門雷寄堂汪綠野友篆攻石平山堂讌集

江炳炎

旅況逢佳節約伴升高暮氣浮簾額憑闌剛落日露幾點隱隱遥岑横碧懷古最關情指楊柳當年秋色拂殘碑苔侵斷字邈焉陳迹　空留野鳥遺音喚雨啼風往事都狼籍人生真過客游衍處好景應須珍惜莫放酒杯寬趁今夜涼蟾初白問何如東籬寄傲折腰彭澤

采桑子　晚秋同程松門泛舟紅橋登平山堂　厲鶚

重陽過也成虚負賴有詩仙肯作延緣人與黄花共一船　沿隄轉盡垂楊路水影橋邊山影樽前畫出傷秋雨後天

湘月 小春泛舟紅橋　　厲鶚

客遊未嬾記名園水鑰誰與重叩淡寫霜痕愛到處吹盡尋常歌酒斷漵通烟疏籬借暖尚挂微黄柳移船遥去照人都為詩瘦　何地更著功名天教老子付垂綸閒手細數闌干問往事春共横波争秀亂影風燈催歸晚笛眷此情依舊城頭生月作成鄉思時候

木蘭花慢 九月霜晴約西唐巢林遊平山堂　　陳章

支笻初病起養閒意斷塵勞看户闔清秋院荒寒鮮樹挾奔濤華軒定無過客趂晴光粉蝶一雙高

剝蟹先留指甲簪萸羞照顛毛　城濠綠漲葡萄
思釣艇想蘭皐共倚檻看山穿松覓路況近題糕
故人未知閒否倘能閒好句屬吾曹莫待風風雨
雨坐歎門柳蕭騷

梅花引 冬日坐平山堂池上與敏修開士　陳章

綠萍池上綠楊風有鶯翁有鳧翁睍睆浮遊都在
落花中拖屐再來光景換夕飈緊噪羣鵶聽晚鐘
晚鐘晚鐘隔疏松橋半弓月半弓坐也坐也坐
傍著梅樹玲瓏僧語如雲笑指一枝笻約我粗酬
身事了訪雪竇問天台更海峰

齊天樂 春日集平山堂　　　　陳章

淮東此是吟詩地闌干下臨平楚一抹山光雙懸墖影中隱清江如縷春餘幾許正綠翦烟蕪紅吹雲樹恰好嬉遊鵓鳩何事又呼雨　龍蛇當日走壁有風流歐九應占千古韻與堂高人如酒白燕子飛來能語名泉酌取待槐火新時試烹花乳去覓扁舟月痕天際吐

齊天樂 春日集平山堂　　　　樓錡

啼鸎喚我登臨去剛逢嫩晴時候花落平堤雲銷綠野贏得憑闌呼酒自憐客久漫幾度清遊幾番

搔首慶歷風流而今空悶數枝柳　韶華何事易
換但烟巒不改堂檻依舊怨負閒情儘舒倦眼繚
繞平林如繡坐銷永晝愛磬響松梢泉分苔甃欲
叩棲靈舊題還在否

三臺 蓮性寺東園　沈雙承

記平山法海名勝廣陵號稱雙絕更紅橋一帶柳
如烟繞溪水園亭羅列盡日裏畫舫相欄截東風
裊笙歌如沸有多少寶馬香車消受此煙花夜月
恨年來琳宮西去金碧無端磨滅只剩得六一
舊山堂還自有汪淪披拂蓮臺重眺望無光澤誰

肯向昔時梵刹爲净土再鑿銅陵並祇園重開金穴　卻誰知風流一老依約四明狂客傍楞迦星宿耀文昌裝點盡一邱曲折與山林氣象全無别問近日誰能相匹想從此墮珥遺簪是良辰總無虛日

平山堂圖志卷第七

平山堂圖志卷第八

藝文六

寧夏　趙之壁　編纂

記一

宋

大明寺水記　　歐陽修

世傳陸羽茶經其論水云山水上江水次井水下又云山水乳泉石池漫流者上瀑湧湍漱勿食食久令人有頸疾江水取去人遠者井水取汲多者其說止於此而未嘗品第天下之水味也至張又

新爲煎茶水記始云劉伯芻謂水之宜茶者有七等又載羽爲李季卿論水次第有二十種今攷二説與羽茶經皆不合羽謂山水上而乳泉石池又上江水次而井水下伯芻以揚子江爲第一惠山石泉爲第二虎邱石井爲第三丹陽寺井爲第四揚州大明寺井水爲第五而松江第六淮水第七與羽説相反季卿所説二十水廬山康王谷水第一無錫惠山石泉第二蘄州蘭谿石下水第三扇子峽蝦蟇口水第四虎邱寺井水第五廬山招賢寺下方橋潭水第六揚子江南澪水第七洪州西

山瀑布泉第八桐柏淮源第九廬州龍池山頂水第十丹陽寺井第十一揚州大明寺井第十二漢江中濡水第十三玉虛洞香谿水第十四武關西水第十五松江水第十六天台千丈瀑布水第十七郴州圓泉第十八嚴陵灘水第十九雪水第二十如蝦蟆口水西山瀑布天台千丈瀑布皆羽戒人勿食食之生疾其餘江水居山水上井水居江水上皆與茶經相反疑羽不當二說以自異使誠羽說何足信也得非又新妄附益之耶其說羽辨南濡岸水特怪誕甚妄也水味有美惡而已欲舉

天下之水一一而次第之者妄説也故其爲説前後不同如此然此井爲水之美者也羽之論水惡渟浸而喜泉源故井取多汲者江雖長流然衆水雜聚故次山水惟此説近物理云

重修平山堂記

沈括

揚州常節制淮南十一郡之地自淮南之西大江之東南至五嶺蜀漢十一路百州之遷徙貿易之人往還皆出其下舟車南北日夜灌輸京師者居天下之七雖選帥常用重人而四方賓客之至者語言面目不相誰何終日環坐滿堂而太守應決

一府之事自若往往亦不暇盡舉其職不然大敗不可復支雖力足以自信始皆不能近謂之可治卒亦必出於甚勞然後能善其職故凡州之燕賞亨勞太守之所遊處起居率皆有常處不能以意有所揀擇以爲賓客之歡前守今參政歐陽公爲揚州始爲平山堂於北岡之上時引客過之皆天下豪儁有名之士後之人樂慕而來者不在於堂榭之間而以其爲歐陽公之所爲也由是平山之名盛聞天下嘉祐八年直史館丹陽刁公自工部郎中領府事去歐陽公纔十七年而平山僅若有

存者皆朽爛剝漫不可支撑公至踰年之後悉撤而新之凡工騈廩餼材藁之費調用若干皆公默計素定一日指授其處所以爲堂之壯麗者無一物不足又封其庭中以爲行春之臺昔之樂聞平山之名而來者今又將登此以博望遐觀其清涼高爽有不可以語傳者也揚爲天下四方之衝且至乎此者朝不知其往朝至乎此者夕不知其往民視其上若通道大途相值偶語一不快其意則遠近搔摇謗喧紛不可解公於此時能使威令德澤洽於人心政事大小無一物之失而寄樂於山

川草木虛閒曠快之境人知得此足以爲樂而不知其致此之爲難也後之人登是堂思公之所以樂將有指碑以告者也

九曲池新亭記

沈括

建隆元年太祖親討李重進之亂駐蹕於城北使石守信破壁取重進重進以火死揚州既歸後因即其地以爲原廟天子歲五遣使獻祠以家人之禮進于廟下揚州刺史率其官屬月再朝焉嘉祐八月詔以直史館丹陽刁公守揚州當淮南大水之後民艱不支歲籍不入公以惠和慈仁康集勞

來直心正身脩明百職文武賓吏各率其業罔敢怠傲民卒用寧歲以大康乃以吉日巡視宫廟按垣揆室曰此上聖所以眷賜我邦休有惠烈實冒邦土祠事弗虔無以報稱釐徹無所神惠不歆於是墁甃丹髹斆脫黯黮一新以爲瓌麗宏潔而又治其北垣蜀岡之淵阤其故堂博而新之對峙二亭臂張於前木茂泉清鳧鴈與與光氣上下朝霏夕陰浮動于檐櫨之間而不知有荒榛斷蔓之可悲也治平二年二月之晦工徒告休公將勞成于是屬其叅軍事沈某考詞於碑而繼之以詩曰

昔在建隆天子有征環揚有師盜不敢膺體磔肩分孰爲肘胘推其中軍車裂馬騰截截疆場炎不可薄既扼其吭附者益落士勵而奮高噪大躍車盤轂交有萬其羣氣抑不揚投兵而奔我師蹙之潰其國門持其大醜狗于淮人天子在師將以武克不驚不懲以殄元慝有赫在天降則在廟孔威有神綏我億兆公在朝廷崇事有嚴卒奠以出龍旗纖纖廢無燕私其福不下公作新亭以御鐏斝諸臣友朋孔燕侯侯我邦有休公實來爲不泯有考我公之思

維揚龍廟記

陳造

五龍血食於揚肇自國初而備嚴於今屹然爲一郡乞靈之地按圖志藝祖皇帝之破李重進也駐蹕九曲池上有龍鬬於池事已乃廟祀之其後廟廢第繪像於建隆僧舍其廟之故基與夫不廟而像之故漫不可考慶元五年帥郭侯某復屋之於池之西偏至嘉泰之元今待制趙公來制帥閫旱涸告病禱而雨歲以中熟慨念水枯旱暵挽回豐穰非龍孰致之而訪視所建庳陋甚人莫起敬惕不敢安乃移爲今祠居有殿獻有亭更衣有所爲

屋各三間别爲門而垣之掄才而堅良選貢院之餘也擇地而亢爽宅震面兑兑澤震龍廟則空也附佛宫主香火以僧欲其專也遠邇聞見奔趨畏敬祠祭祈報無或敢怠始其經度也或告九良星在焉盍緩之公一夕夢人頎而鬚顴聳而色瑩黄袍而黑緣捧赤土龍笑授公公許即爲立祠旦則鳩工庀材不日而崇成迎奉之辰晴日麗空遊雲蜚雨滃鬱廟廷公親書廟額以揭殿顔是日飛雲薦瑞邦人聳觀其靈異昭著如此夫仁民而爲聖賢澤物而爲龍相異而相同相須以濟其所不及

天命之也而聖賢又龍所依惟五龍顯異於昔眹夢於今效啟聖之符而致濟世之功惟公積而德敷而政其信於君孚於民者俯仰無愧故有請於龍若桴鼓若影響惟其必諸已故能必諸冥漠爣怳之表不幸而水若旱惟無禱也彼且畧於已詳於龍吁其難哉公謂某粗知文者使之志龍之惠利廟之廢置庸詔永久辭不獲遂以公之所示而紀之且述其所以媚於龍者詩而碑之其詞曰

五龍顯迹肇我藝祖越四壬戌郡所依怙顯允趙公建纛茲土迺新廟貌迺大祠宇迺以旱請應不

移武始焉中熟今兹四鬴民舒氣和艾晴稼雨盈
尺之雪及歲未暮既雪而霽望無違者民究所自
式歌且舞惠濟如公漢則名杜宅生於公古則岐
跗惟龍與公如賓斯主侑公之民歆祉羨嘏公爲
民請龍弗拒之鑿粢刑牲龍則茹之鼓桴之應如
寄而取如掇而予如交臂語民體公意莫龍敢侮
禱禳謁欵滌樽潔俎歌歈紛若坎坎其鼓飆馭靈
旗庶其來下燕我孫子豐我稷黍庸祇事龍彌亘
千古

按宋之九曲亭五龍廟俱已詳名勝

平山堂後記　洪邁

揚爲州最古南傅海北抵淮井而方之蓋萬里後世華離鈲析殆且百郡獨廣陵得鼎其名故常稱爲巨鎮爲刺史治所爲總管府爲大都督府爲淮南節度使方唐盛時全蜀尚列其下有揚一益二之語入本朝事權雖殺而太守猶一道鈐轄安撫使品其域望他方莫與京也珠簾十里二十四橋風月登臨氣槩足以笑兀今古兹堂最後出前志謂江南諸峯植立闌户且肩摩領接若可攀取山既佳而歐陽又實張之故聲壓宇宙如揭日月繪

紳之東南以身不到爲永恨意謂層城閬風中天之臺抑末耳然百餘年間屢盛屢歇瓦老木腐因之以傾陊薦之以兵革而禾黍離離無復一存荒烟白露蒼莽滅没使人意象蕭然誦山色有無之句付之三歎而已原缺

平山堂記　樓鑰

平山堂東南勝處也長淮之東地多堆阜苟見山處皆以得名於斗野山在他郡何算自泗上南來者望而首得之故米寶晉有第一山之詠儀眞西壯登高見建業諸山而有壯觀之勝揚州大明寺

所謂自有宇宙便有此山而千載無領畧之者六一居士一覽而得之撤僧廬之敧屋作爲斯堂而風景煥然遂名天下公以爲占勝獨江南諸山一目千里而王荆公亦謂一堂高視兩三州者也天造地設待人而發滁之醉翁峽之至喜皆以公得名而揚又居南北之衝士大夫往來喜至其下自堂之成所謂風亭月觀吹臺琴室之舊俱在下風矣公之記峴山亭謂峴蓋山之小者而其名特著豈非以其人哉羊叔子與杜元凱是已亭屢廢而復興者由後世慕其名而思其人者多也此堂亦

幾是耶然而物有盛衰承平才更十七年而堂已圮壞直史館刁公約新之沈内翰括爲之記紹興末年廢於兵燹周貳卿淙起其廢而洪内翰邁記之近歲趙龍圖子潚嘗加葺治鄭承宣興裔更剏而增大之開禧邊釁之起環揚之境本無侵軼而是時閫帥畏怯太甚始以大言自詭事未迫而欲遁遽假清野之名縱火於外負郭室廬延燔一空而堂爲荊榛瓦礫之塲於兹數年矣嘉定三年寇攘既息而旱蝗饑饉之餘瘡痍益甚皇上思得人以鎮撫之大理少卿趙侯方以閫漕之節徯次於

浙右遂除右文殿修撰起帥於揚遠繼叔祖龍圖之軌下車之初日不暇給簡節疏目恩威並用教條井井軍民怗服邊鄙既已不聳而年穀順成寖復樂土之舊（原缺）

明

功德山觀音禪寺記　嚴貞

功德山觀音禪寺在郡城西北七里大儀鄉地勢高三十三丈餘即古之摘星樓基也元至元年間僧申律始來駐錫結菴爲宴坐經行之所丙申年廢弛洪武已未僧惠整等募衆造觀音天王二殿

各三間慨無聖像往蔣山寶公院祇請聖朝欽賜八功德水塑觀音像并地藏像乙亥重造山門門以間計者三其高二丈深如其高而益丈有二尺以爲廣又前爲正殿以間計者五其高五尋深如其高而益尋有三尺以爲廣復於正殿之東北建鐘樓而其高如正殿其廣減正殿五之三闢兩廊東西作禪悅僧堂各五間左右環爲僧廬方丈退居庖湢之屬地勢中高外峻則貼石以廣其址凡木石瓦甓匠傭之費爲鈔三萬五千七百緡爲米一千五百六十斛實洪武辛酉之年落成也繼募

僧今善緣憫年遠而殿廡頹圮瓦木朽腐聚財鳩
工重新修葺復建山門一所曰雲林佛塔一座以
鎮峙其門三十餘年漸見華燈輝映金鐸鏘鳴曲
檻方櫺下臨無地善緣謂此殊勝昔所未有宜當
登載以示方來爰狀其實謁辭爲記按建康志蔣
山舊名鍾山考其地脉則由東南泝長江而西數
百里蜿蟺磅礴既翕復張中脊而下降爲平衍西
爲覆舟雞籠諸山又西爲石頭城而蔣山對峙名
之曰寶珠峯八功德水寶公院實茲山請奉聖像
流派勝源也今功德名山奠茲吉壤神棲聖止妥

焉以寧千載猶一日殆非偶然也善緣經度指授久而弗懈宜有以勒石以示永久無忘所自云爾若夫兹山已往陳蹟未爲之志前作後述是在來者與夫山川風物之美亭軒樓閣之勝著于前賢紀詠兹不復書

重修大明寺碑記　　羅玘

距揚郡城西下五七里許有寺曰大明蓋宋孝武時所建也孝武紀年以大明而此寺適剏於其時故爲名宋都官員外郎梅聖俞堯臣有曰蕪城之北大明寺闢堂高爽趣廣而意厖又曰此景大梁

無則其舊規之觀美可窺矣然歷世既久遂爲瓦礫牛羊墟過者興慨景泰間有僧曰智滄溟者本眞之武弁裔少慕禪宗投禮冲徹堂禪師出家爲佛弟子天順間北遊五臺回抵于揚偶適野見摘星樓西平山堂東中有空隙地約廣數十畝厥土燥剛厥位面陽厥地孔良放生池環于左清平橋橫于前若遺址也啟請郡守三原王公宗貫衛使李公鎧徐公清輩乃結小庵以棲于上不踰月夜夢一神人指示之曰某有井井有藏循其處而發之果得古井內有殘碑一方上有大明禪寺數字

人自是始知爲古刹其出於神授如此四方博雅
嗜義之人悉捐金貲爲法堂五間東西廡各數間
庖湢庫庾以次麤備越宏治癸丑關陝諸鹺客始
建大雄殿設立金像規模甚宏偉而智滄溟尋示
寂矣厥徒鎮大方嗣其緒至乙丑歲復建天王殿
五間而大方亦故今孫廣勝主焚修焉於正德丁
卯建伽藍祖師一殿蓋自是始稱備矣夫勝地古
蹟湮没幾數百年而恢復于祖孫相繩之三世厥
功懋矣然非輕財者樂爲之助其能告落成也哉
固宜礱石紀名以垂永久此主僧所以爲請也子

起復過揚時嘗與江都丞曾英予門人葉如欒輩登眺飲泉水於其間於時尚草草也今越二十年矣而此寺規模寖備予憶舊遊臨文不覺憮然

重修法海橋記　馬駙

出郡城西折而北二里而近有寺曰法海創造經始莫可考寺僧淨杲爲予言寺存斷石經幢中有天祐字知爲唐物嘗築垣得廢井甓文曰開皇開皇隋文帝年號至是幾千年矣出寺門而東舊有石橋建始亦莫可考凡郡人有事於西郭棹小舟自南而北由是橋達寺踰寺不數里爲大明觀音

二寺循岸轉而西爲茅義士祠其陸自土穀壇道
新雷二塘汴渠甘泉其外百里高郵天長諸湖罔
不循由是橋蓋一郡之名勝西北之要轄也歲久
風雨剥蝕漸圮而壞壤土甓石下湮上泐杲時爲
寺主僧思起廢而取新屬揚州衛指揮致仕火公
暇日與客過寺顧瞻頫仰因杲所及而慨然任之
召工會計取石於吳踰年而橋成所費踰百金華
偉堅壯崇址而堅垣濬其下益深車馬戴負牽挽
攀掣日相尋于上舟檝往來簫鼓塡咽日相尋於
下是舉也其費盡出於公未始醵金於人杲乃礱

石載趺謁記於予予因不辭而記其顛末如此公名晟字尚明爲橋時年七十有八杲字東暘始終於橋者也其徒道倫孫德訓嘗用力畚鍤之勞例得附書是爲記

重修大明寺記　葉觀

廣陵爲江淮之都會故多勝蹟值宋元兵火之餘其存者僅十之二三耳考之南北朝有寺曰大明湮没久矣天順間僧名智滄滇者于郡城西五里平山之原而得其遺址焉遂出囊貲延檀越而重建之殿宇崔嵬門廊秀拔泗水通流江峯迭翠誠

勝境也歲久荒頽其徒干謁而無緣光禄署丞火
君文津一旦慨然曰余承先人之業貲其所費以
增山川之盛不亦可乎遂捐千金葺之闢山門之
隘者三易棟宇之腐者百廣殿之前簷以軒凡五
楹焉左右建鐘鼓二樓東西立門二座所以豁登
覽洞出入也見其山曠衍平伏謂歐陽文忠公所
建平山堂在其右而久傾遂扁其前庭曰平山堂
飾之青綠施之文綵所以昭先賢之佳況也門之
外有井爲古之第五泉乃浚之立亭其上復建廊
房十四楹於方丈之右以爲僧之樓止視滄溟所

創規模宏麗矣督工者户侯張西樓璽也僧感其德走竹西草堂求荒文以紀之觀有感而言曰美哉火君之舉余昔登其山而游覽焉水光東注山色南侵雲霞遠叠緑野平臨鑑樓左峙鄉祠右廻邦江逶前盱山擁後鶯花明媚林木鬱葱白月皎野瑞雪鋪瓊凭高眺遠四時可娱之法界也今復葺而新之其郡之麗景何加焉余嘗謂其先人樂山公之種德崇儉善于積財而文津之好義喜施善於用財克家之慶也噫非樂山之善積無以成文津之美非文津之善用無以顯樂山之名易曰

考無咎文津以之因紀其槩以爲後之尚義者勸

廣陵三先生祠堂記　胡　植

廣陵今稱三先生爲宋胡安定瑗王竹西居正李樂庵衡嘉靖初臺察雷君應龍撤非鬼像即厥祠祀安定焉示崇正也予按兩淮之明年維壬寅春王正月祇謁祠下祠下諸校生胥諗願以王李二先生配食永永樹之風聲謀諸郡守懷幹輩僉唯唯遂增牢妥主諏吉肇禋扁曰廣陵三先生祠邦人士聞之欣欣若有興者乃申告曰豪傑踵興山川協靈生式於鄉歿尸於社民之秉彝雖百世可

知也傳稱門人皆循循雅飭又知稽古愛民每誦至此未嘗不斂衽起敬也蓋嘉安定之教爲有本云而世徒以條約槩之殆淺乎知安定者竹西自隱約時即不以希世而改是非之心樂菴宦跡所至專務誠意化民斯其人可易易視哉以予所聞彼皆所謂豪傑之士而無文猶興者假令登孔門當不在閔冉下矣夫崇賢以貞教也祀往以勸來也有倬維揚稱雄振古譽髦斯士誕際昌明孔軌可追鄉範伊邇論世私淑無亦是務乎苟徒俎豆云爾奚取于三先生之堂是爲記

重修司徒廟記

金獻民

去歲予奉敕之江西道便揚皇華亭山西澤州李君蘽商於揚而翁謫予相與素善蘽故人子也因迓飲於城西之平山堂蘽曰堂之後有祠甲一郡而最神者揚之人無分縉紳士夫男女長稚咸觖顙而遵信之歲時旱潦郡之有事其下靡不應酬民有螟蟻蟊賊與夫癘祟不祥是惟無禱禱輒應爲影響靈異之顯不可具狀詢其神英顯司徒也神五人五姓首茅次許次祝次蔣次吳以義相尚結爲兄弟奮身匡危多建異績揚人建廟於此歷

代以侯王封之是廟之建凡幾百年矣言既酒半
民因鼓在席之士步殿庭而歷廊廡跡其事皆駭
久不治且壞衆合詞言曰李君事蒞此邦有年而
履其福者數矣又常宴遊於斯矧君挾貲鉅萬惡
得恝然無情哉余繼曰然君應曰諾既而捐貲凡
若干緡躬搆材走徒程工晨夜展力於是傾頹者
起破缺者成腐朽撓折不鮮者治之於前人無侈
於後觀無廢奐然俱新矣余未幾事竣旋自江西
適理新之餘訖功之日稾詣行次請民記之民既
得遊于此又列詞其下誠快事也廟之作經始於

乙亥歲冬落成於丙子歲春不期而成其神速如

此其亦有所感而然耳遂援筆書之以昇藁

平山堂圖志卷第八

平山堂圖志卷第九

寧夏　趙之壁　編纂

藝文七

記二

國朝

平山受宗和尚法源記

笪重光

達摩受西天般若多羅密印六傳而至曹溪曹溪五傳而至洞山曹溪法道賴洞山而播于天下故諸方宗匠咸共推之曰曹洞宗洞山之後而雲居兒孫獨盛雲居四傳而至太陽曹洞一宗又爲天

下冠今所傳曹洞宗者則皆系出太陽之嗣投子青者也投子之得芙蓉知見高邁而天子三詔不赴二十七傳而爲雲門澄公雲門嫡子爲百丈雪下有四十餘人唯燈公門庭孤峻學者罕受其旨及晚年主席焦山始得克家兒是爲今棲靈寺之受宗旨大師受公去洞山凡三十世也棲靈居維揚郡之西北明天順間有坐道場説法者乃滄溟福智禪師也丁酉夏余歸自西江見受大師語録于家宏和尚空青山始知曹洞宗風至今未墜且與家宏和尚皆出破闇燈公之門爲江南江北

之主盟斯道者得不有補于僧史耶數日後家宏和尚以棲靈語録見教索一言爲引余非不敢彰山水之勝實有俟于江北之諸大宰官且以大師得法之淵源告之天下爲繼祖續宗者之所重云

眞賞樓記

朱彝尊

平山之堂既成越明年中書舍人汪君季甪拓堂後地爲樓五楹設栗主以祀歐陽永叔劉仲原父蘇子瞻諸君子名曰眞賞樓蓋取諸永叔寄仲原父詩中語也君既爲文勒堂隅識落成之歲月請予作斯樓記於是樓成又逾年矣方山陰金公將

知揚州府事實期予適館既而予不果往及聞堂成之日四方知名士會者百人多予舊好咸賦詩紀其事顧予獨客二千里外不獲與私心竊悔且憾回憶曩時客揚州登堂之故址草深數尺求頹垣斷砌所在不能辨識慨然長喟謂茲堂之勝殆不可復睹曾幾何時而睛闌畫檻忽涌三城之表且有飛樓峙其後既感廢興之相尋復歎賢者之必有其助也當永叔築堂時特出一時興會所寄然春風楊柳蓋別久而不忘子瞻三過其下悵仙翁之不見至題詞快哉亭尚吟思此堂未已即永

叔亦感仲原父能留其游賞之地賦詩遠寄是當時諸君子未嘗一日忘茲堂可知已肇祀焉庶其馮依而不去者與堂之廢自世人視爲游觀之所可以有無守是邦者或不爲葺治至於日圮理固然也試登是樓見永叔以下凡官此土有澤於民者皆得置主以祀後之君子必能師金公之遺意克修前賢之蹟則是斯樓成而平山之堂始可歷久不廢足以見汪君之用意深且遠也予雖不獲觀堂落成與諸名士賦詩之末猶幸勒名樓下附汪君之文並傳於後亦可以勿憾矣夫

紅橋游記

王士正

出鎮淮門循小秦淮折而北陂峗起伏多態竹木蓊鬱清流映帶人家多因水爲園亭樹石溪塘幽窈而明瑟頗盡四時之美拏小艇循河西北行林木盡處有橋宛然如垂虹下飲于澗又如麗人靚妝袨服流照明鏡中所謂紅橋也游人登平山堂率至法海寺舍舟而陸徑必出紅橋下橋四面皆人家荷塘六七月間菡萏作花香聞數里青簾白舫絡繹如織良謂勝游矣予數往來北郭必過紅橋顧而樂之登橋四望忽復徘徊感歎當哀樂之

交乘于中往往不能自喻其故王謝治城之語景晏牛山之悲今之視昔亦有然耶壬寅季夏之望與籜庵茶村伯璣諸子倚歌而和之籜庵繼成一章予亦屬和嗟乎絲竹陶寫何必中年山水清音自成佳話予與諸子聚散不恒良會未易遘而紅橋之名或反因諸子而得傳于後世增懷古憑弔者之徘徊感歎如予今日未可知也

重建平山堂記　　金鎮

余涖揚值軍興伊始征調旁午數月始得整理廢墜稍稍就緒偕郡之賢士大夫觴詠蜀岡之上感

平山堂之毀爲僧寺與汪舍人蛟門暨同遊諸君將謀復之也既爲文述宋歐陽公治郡政績以其餘力創爲是堂及今之既廢而宜復之意以語共蒞茲土者視舊址迤西又闢前後隙地二畝許益之度材量費上自巡鹺侍御暨僚屬大夫其心同其言樂以九月經始歲終迄成事木石堅緻黝堊鮮彩軒檐既啟江山欲來五百年之壯觀一朝頓復適余奉命視郵政江寧喜其將去而落成也復偕諸君子登山置酒而樂之郡之父老既歡既愉士女奔湊攀崖捫級來觀者不絕是時適雋李曹

司農至首爲五十韻長句紀其事凡郡之縉紳學士及四方名流無不摛宮徵敲金石效奇呈美於兹堂之上論者謂與蘇王秦劉諸賢之唱和不相上下而惜乎余非歐陽公其人也夫一堂之興復微耳然人情欣欣若以爲事之必不可少者何也方今東南不幸多事吳越之郊一望戰壘民負楯而炊惴惴不能終日揚以四達之衢吾得與二三子保境休息於此里門晏開守望不事四方之結轂而至者指爲樂土此非大幸耶當此之時而使前賢之名跡鈌焉湮没至廢爲梵鐘燈火之場而

不恤既非所以稱爲民父母之意揆之人情亦必有鬱然不樂者也以余之德薄所以能使一時之爭勸其事而歡樂其成功者凡以順人情之所欲爲而已然爲此於萬難倥偬之際比之前人創建之日其勢尤有不易者非諸君子之協力交贊即予亦何能藉手告成哉是皆不可以無記也

平山堂記　汪懋麟

揚自六代以來宮觀樓閣池亭臺榭之名盛稱於郡籍者莫可數計而今罕有存者矣地無高山深谷足恣游眺惟西北岡阜蜿蜒陂塘環映岡上有

堂歐陽文忠公守郡時所創立後人愛之傳五百
年屹然不廢康熙元年土人變制爲寺而堂又無
復存焉矣揚在古今號名郡僚庶羣集賓客日來
所至無以陳俎豆供燕饗爲羞孰甚而老佛之宮
充塞四境日大不止金錢數千萬一呼響應獨一
歐陽公爲政講學之堂亦爲所侵滅而吾徒莫之
救不亦甚可惜哉堂初廢余爲諸生莫能奪六年
釋褐與余兄叔定爲文告守令將議復又迫於選
人去京師五年而茲堂之興廢未嘗一日忘也十
二年秋山陰金公補揚州余喜曰是得所託矣金

公諾至郡廢修墜舉士民和悅會余丁先妣憂歸里相與蓄材量役度景於明年之七月經始於九月告成於十一月不徵一錢勞一民五旬而堂成公置酒大召客四方名賢結駟而至觀者數千人賦詩落之會公遷按察驛傳道移治江寧去明年春公按部過郡又屬余拓堂後地爲樓五楹名眞賞樓祀歐陽公與宋代諸賢於上皆昔官此土而有澤於民者堂下爲公講堂左鐘右鼓禮樂巍然所以防後人不得奉佛於斯也堂前高臺數十尺樹梧桐數本舊名行春之臺今仿其制臺下東西

長垣雜植桃李梅竹栁杏數十本敞其門爲閥閾
廣其徑爲長隄垣以西古松蓊翳松下有井即第
五泉覆以方亭羅前人碑石移置其上是則平山
堂之大槩焉爲用二千四百四十八兩六銖爲工
萬有八千五百六十爲時周一歲資出御史轉運
太守諸佐令鄉士大夫兩河諸商而百姓無與焉
任土木之計者道人唐心廣勞不可沒例得書噫
嘻平山高不過尋丈堂不過衡宇非有江山奇麗
飛樓傑閣如名嶽神山之足以傾耳駭目而第念
爲歐陽公作息之地存則寓禮教興文章廢則荒

荆敗棘典型凋落則茲堂之所繫何如哉余願繼此而來守者尚其思金公之遺意而吾郡人亦相與保護愛惜則幸矣因勒此以告後祀

重建平山堂記　魏禧

平山堂距揚州城西北五里許宋歐陽文忠公所建公守郡時當慶歷末天下太平公治尚寬簡故獲興是役與賓僚飲酒賦詩其中今六百餘年廢興不一至於蕩爲榛蕪盜據爲浮屠而其地以公故益名於天下登臨者慨然有峴首之思焉揚州古稱名勝然絕少山林邱壑之美城以內惟康山

一阜頫三面見水外則平山堂望江南諸山最暢康山既屋而平山又久廢矣自堂建後揚州數遭兵禍至紹定初歷一百八十有二年而李全之亂猶置酒高會於平山堂豈斯堂倖免兵火抑毀廢復有賢者修舉之耶今觀察金公前守斯郡政既成慨先賢之不祀郡之最勝地久廢與鄉大夫汪君蛟門謀廓然新作之不以一錢會諸民五旬而堂成有堂有臺其後有樓翼然以祀文忠公軒敞鉅麗吐納萬景視文忠（缺一字）當日不知何如（缺四十字）而觀察公化民善俗之意亦因可以推見蓋揚俗五方

雜處魚鹽錢刀之所輳仕宦豪强所僑寄故其民
多嗜利好宴游徵歌逐妓袨衣媮食以相誇耀非
其甚賢者則不復以文物爲意公既修舉廢墜時
與士大夫過賓飲酒賦詩使夫人耳而目之者皆
欣然有山川文物之慕家吟而户誦以文章風雅
之道漸易其錢刀駔儈之氣（缺十七字）而揚土渏曼平衍
惟此山差高足用武之地公建堂其上又習以俎
豆之事抑將以文事靖兵氣焉公名鎮字長眞浙
之山陰人丁巳仲秋余客揚州公適自江南來攝
鹽法乃停車騎步趾委巷而揖余以記見屬余惟

康山以海得名平山堂以歐陽公名天下嗟乎地以人重公其自此遠矣

修復平山堂記

毛奇齡

平山堂踞維揚之勝岡巒竹木蔭映四野相傳六一守揚時公事之暇萃賓朋讌集歌詠其内是以逡巡數世歷歷可紀而其後不能繼也夫天下興廢多矣考之六一去揚其距建堂時相去未遠然當婺川劉公來而六一送之其繾綣故跡屈指年歲戀戀於所爲庭前手植而丁寧浩歎一若彈指之頃早有古今盛衰之感生乎其間暨東坡再來

三過平山乃復徘徊憑弔託諸夢寐猶後此者也蓋物盛則衰隨事興而廢踵理有固然而第當循環遞至則湮廢已久將必有人焉爲之興復而方其極盛亦遂有起而持其後者乃堂介浮屠左右蔽虧始未嘗不相爲倚恃而其後堂既廢而浮屠獨存然且故址昭然遲久未復予嘗過其地而悲之今太守金君自汝南來遷重守是邦計之有宋慶歷間相去甚遠且治揚甫匝歲即復遷江南副使倉卒引去又其時適當六師張皇禁旅四出之際往來芻秣日不暇給乃登臨感慨毅然修復於

所謂平山堂者是豈僅爲遊觀地哉蓋亦有感於前人之所爲而興而廢廢而復興汲汲以成之惟恐後也予鄉蘭亭自永和修禊傳之迄今數千年間廢日多而興日少當君守汝時汝無名蹟然猶考淮西舊碑勒叚韓二公文於碑之陰陽而覆之以亭蓋古今賢哲風流相映非偶然者第堂成命酒賓朋歌詠已非一日而予以訪舊之餘續遊其地不期月間一若賓主去留後先頓異者昔人所謂登斯堂而重有感也堂以某年某月成越一年乃始飲於堂而屬余爲記

修復平山堂記

宗觀

堂因蜀岡之勝帶郭面江揚之土無山江南山皆其山也計創始於歐陽文忠公距今六百餘年中間更廢興者屢矣而廢之久且盡莫甚今日寺僧即其址爲殿宇舉向之欹楹危檻參峙于龍蛇漫漶者湮没無留而平山堂之名亦亡登臨憑眺之士緬想乎流風餘韻而力弗任焉康熙十二年癸丑山陰金公來守兹郡汪舍人蛟門從京邸以重搆請公領之會到府軍興旁午羽書四至不暇及也閲數月政成時豫乃偕賓客具舟楫尋六一高

蹤則棲靈寺矗然壁立重垣周固山光隱見甕牖
目不及舒公喟然曰湮前哲廢後觀伊誰責耶維
時略基址審面勢程土物庀材用具餱糧量功命
日弗亟弗遲居人或不知有工築始至而堂巍然
五楹中敞廊廡洞達再至而樓屹然又至而門戺
甃甓次第完具於以見天之曠氣之迴詠山色有
無之句凡亘屬縈紆出没濃淡以效奇競秀於兹
堂之前者始還故觀遊者怳然如寐而醒既成以
燕遠邇歡極而賀曰自公之來也使我不驚枹鼓
不苦扉屨不煩訟獄州士女既安其簡且靜謂我

公亦宜有遊觀之美以休其暇日幾不知堂之所以始矣嗟乎廢興成毀之相尋一視乎人人去則傳無窮余既歎名賢之跡歷久更新非浮屠之術所能奪又念我公所居之勢較諸慶歷以來豐亭無事得以極山水賓客之娛者難易殆有間矣故書之以告後之來遊者

修創棲靈寺記

孔尚任

棲靈寺在揚州之蜀岡即宋孝武所稱大明寺者其興廢莫可考寺之西偏爲平山堂則六一公守郡時所築後賢嗣而葺之者也余出使時數過其

閤寺僧道宏禪師必出笋蕨留予久談蓋堂前之楊柳壁上之龍蛇猶彷彿可覩焉况禪師了悟一切又能爲詩人與地宜故不憚畢力修之自己亥繼席以來凡殿宇塔院齋堂厨庫寺應有者遂無不有蓋百有餘楹矣蜀岡故無松師覔松秧萬本高下栽之鬱鬱森森望若深山寺故無梅竹今庭院交蔭宛轉如畫我

皇上南巡兩幸平山

御書怡情二字親賜禪師蓋不止賞其地並亦賛其人矣今建有諸天寶閣乃懸書之所也寺之盛未有盛

於此時者實師之力居多云師名德南號介庵道宏其字也俗爲江都胡氏子乃文定公之遠裔明末揚州被兵怵愓棄家投江西贛州善慶庵受宗旨和尚薙染歲丁酉隨和尚來棲靈寺三載和尚示寂師主持院事癸卯造方丈成善信請居新室始上堂結制說戒甲辰郡城士夫請住惠照入院修葺未幾復歸平山至庚午夏六月請本郡紳衿護法交常住與法嗣麗杲西堂繼住方丈師退居吉祥禪院師乃洞山三十一世之正傳破闇燈和尚之嫡孫受宗旨和尚之法嗣也余因平山爲予

舊遊地師爲予方外友其弟子麗杲亦能詩跋涉來都諄切囑予乃次其所述者如右

重修平山堂記　尹會一

自古地以人重揚州四方都會絶少山林城之西偏陂陁曼衍有堂翼然自宋歐陽文忠公守郡時建至今以平山特聞中閒屢歷興廢且七百餘年矣

聖祖南巡嘗臨幸焉既

御書平山堂復

賜賢守清風額蓋不獨重公之賢亦所以風厲守土之臣

意至深也使者壬子夏來守是邦登堂肅拜
天章爛然震耀心目踰年擢司轉運又三年
簡命視鹺公餘一載過之時鄉大夫汪君應庚以斯堂漸
圮獨肯修繕整崇階植嘉樹濬第五泉新其亭周
山種松十餘萬蓊然蔚然非復舊觀矣余嘗念維
揚古稱名勝然何遜東閣昭明選樓徐湛之之風
亭月觀訪其遺墟荒涼滅沒而斯堂屢更兵燹每
廢輒興久且益勝公之靈在焉不可得而泯也若
夫堂之左爲棲靈寺唐時塔毀於火汪君即故址
建藏經樓其後則觀音閣前廊置寮舍以飯僧皆

因堂及之者已復以公命堂意築爲平樓綺疏四闢遥眺南徐水氣横浮萬山拱揖設起公於今當復與賓僚觴詠顧而樂之愧予未獲賡其餘韻也於戲揚人士擁高貲侈豪舉固所時有汪君以力敦善行聞於

朝嘗即其家拜光禄少卿觀於斯堂乃亦爲增勝蓋

先皇之寵錫賢守之風流山川文物相輝映詎遨遊選勝云爾哉汪君其知所重也矣

重濬保障河記　尹會一

今天子崇尚禹功盡力溝洫自畿甸以及東南悉

詔興修水利蓋所以謀民者至矣揚州地廣而饒水泉之
所爲滋息也歲壬子制府都御史尹公推
上功德加惠元元疏請濬兩城之市河通舟楫以爲民利
奏可而施畚鍤焉緡給於帑役董於官庶民效子
來之誠不數月而厥功以竟余適奉
命調守是邦與告成事閱日邦之薦紳先生謂余曰市河
之流暢矣然而引貫有源抑經營未可後也城西
保障一河即舊所稱砲山河者襟帶蜀岡繞法海
以南通古渡在昔春水柳陰遊船歌吹咽岸塞川
而百貨鼓枻其間田疇資以灌溉此固與隍池相

表裏誠得藝其淤澱進以廣深則非惟壯郊原名
勝之觀其攸賴於市河之蓄洩者實大余因切究
形勢相度以諮諸監督水利程公公樂成其美爲
遴練幹之王君華俾襄厥事經費所出則余以俸
倡而紳士之好義者佐焉於是周廻故址擴而疏
之更爲鑿其斷港絕潢使欵乃相聞迤邐以至於
平山之下父老謂以今視昔有益滙遠而流長者
矣鼛鼓既竣方今春和時有請編槲桃於堤衛疏
土而騁遊目者固亦足以表民物之殷阜示太平
之景象也爰復捐植而不敢以下煩吾民夫體國

經野職有常經剏

皇上加意閭閻民利是利爲吏者唯是奉宣德意區區之役寧謂足紀述以告將來然而有其舉之莫或廢也正亦不得不深有望焉云爾是爲記

萬松亭記　汪應銓

蜀岡東最高處萬松亭在焉吾家光禄君所作也蜀岡無石其土厚宜樹木顧無好事者君輦松栽十萬餘緣岡之坳突直屈櫛比而環植之數歲中蟠亙蒼翠日晴風踈遠望如薺鱗張鬣竦即之挺立步入林樾彌天翳景其東岡勢中斷旁扈而下

削亭踞其顛帶長林倚遥野二十四橋之煙景三十六湖之波瀾浮映簷檻可攬可掬洵奇勝也或曰松逾十萬而以萬松名亭何也曰柳子厚萬石亭記所謂石之數不可知以其多則命之萬石者也或曰凡亭之勝遊觀觴詠之樂寒餓疾痛之夫不與也萬松之芘藾繩床甕牖旁風上雨之居民弗善也光禄君自其子姓以暨塗人燠寒飫饑孤露而癃痳之呻而醫藥之嬰而遂長之溺而筏之岸之其人其事不可殫數

天子褒異之國人銘詩之吾子闕焉而斯亭是誌何也曰

此吾所以誌斯亭也蘇子瞻爲麻城令作萬松亭詩云縣令若同倉庾氏亭松應長子孫枝君則萬松之鄉人也又有德於其鄉子孫之祥與松俱長矣傳有嘉樹雅有角弓無忘封殖敢諗來者君名應庚亦自號萬松主人云

五烈祠碑記　　龔鑑

登蜀岡迤平山堂右有列冢纍然接隴臨蹊東西違谷數武是爲五烈之墓五烈者池氏霍氏裔氏程氏周氏也先是池烈女窆其所其自霍以下人稱其烈無殊也而欲令相近先後爲墓于其側墓

地故屬江都析縣後乃隸甘泉歲壬子余來視縣事展謁幽埏睇思風美之所扇以爲節義者訓俗之標建也顯幽旌善可以競勸五烈生秉峻節合義同風緬紀英淑宜當除地啟宇崇而祠之於是乃謀於邑士大夫時則汪君應庚喟然而興肩乃興作役財鳩匠授模締搆閱時告畢來諗成功予乃躬率邑人潔蠲敬享禮終顧瞻榱桷低徊久之爰命伐石書其事曰案池烈女故貧家子早失母及笄父以字吳某子廷望廷望從軍死於粵吳請于女父欲以攺配其次子有成言矣女偵知之伺

其父出投繯死霍氏稱霍九女事父母以孝著年十九許嫁李正榮十日正榮死女聞號慟自殺以殉里人義之爲舉其喪葬於池烈女墓右稱雙烈云其後有喬氏氏爲孫某婦姑及其二女皆不潔他日歸具白母且誓曰弗死懼及吾無以視人世既而還家則姑及二女方共客飲婦恥之乃扃户紉其衣自袖而裓而裾綴連不解然後經其脰死事聞郡守孔毓璞歎之爲立墓於雙烈之旁程氏者項起鵠妻也成婚三月起鵠賈於外死粤西之岑溪諱音至即哭辭舅姑且屬其叔以善養遂自

經也既葬邑令王元穉親詣墓門爲下拜題其碣而去周氏者江寧人適陳國材移家於揚夫暴疾終周誓以身殉父往慰諭之泣曰兒有宜死者三上無舅姑下無子且貧若此衣食安所賴即嫁耳嫁豈兒所忍言兒志决矣卒不食而死嗚呼此五烈者少長窮巷編户之中未有從姆教稱詩書而服乎女箴之明訓也又不有心則乎前載烈義斷髮磨笄之行而踵而行之也且生者情所貪而死亡生人之大惡雖以大雅所勗見危而慄或未能强勉以庶幾又乃况女德斯荏陰儀不剛曩使乛

易其心抑亦寒鄉凡裔內則所不求固然無足怪而五烈生非清門鑒非圖史並共慷慨大節決然誓命以裁當其據節銳情一往不改金石同其精堅鬼神泣其幽渺所爲寧載於義而死毋載於地而生者何其廩凜歟且夫牖民以章教爲務自昔爲政崇獎前徽固將以忠孝貞廉之行動其彝德之好而生其感也如五烈之清英潔白誠宜激厲洗頹此而不圖其何以奉紹理化予甚惡焉是用肇造祠宇以樹風聲庶夫仰遺芳者知所興起而深幸汪君之能相與以有成也汪君淮南宿德居

鄉行義弗倦今茲勝舉其功於名敎尤大祠建於
雍正十一年九月閱三月而訖工中爲堂幾楹門
廡廊舍咸具蓋明靈妥於是是爲不泯矣葺而新
之當所期於來者

重修范文正公祠記　汪應庚

宋資政殿學士尚書户部侍郎謚文正范公忠節
大儒文章勳業震耀無窮自慶歷至今六百餘年
祠祀幾遍天下揚之有公祠也以公爲右司諫時
江淮旱蝗請遣使循行朝廷即命公安撫所至除
淫祀賑乏絕民有食烏昧草者擷草以進請示六

宮貴戚戒其侈心又嘗監西溪鹽稅海陵舊有捍海堰堙廢已久民苦秋潮冒田公謀于發運使張綸請修復之西自鹽城北至山陽南至通泰海門築堤壘石連亘數百里又置閘納潮于邗通利漕運海濱沮洳潟鹵之地復爲良田民以奠寧二事於公之生平非其大者亦足以見公已饑已溺之心禦災扞患之略知無不言言無不盡之誠明敏通照決事如神之識宰天下則功在天下涖一方則功在一方揚人之繫思而俎豆之固其宜也慶歷聖德之詩韓范富歐陽謂之四傑當公出知饒

州歐公移書諫官責其不言斥爲無耻高若訥繳奏歐公與余靖尹洙悉從公貶當時又謂之四賢至於墓碑所書獨著其行已臨事繫于天下國家之大知公者獨歐公爲最深揚人建公祠于蜀岡與歐公平山堂相望又其宜也明季公裔孫良彦以御史巡按南畿有事于祠僚屬陪位士庶觀禮時方修建訖功有嚴有翼亦越百年榱桷朽蠹赤白陊剥應庚鳩工重葺因故爲新蓋風義之所感激不容已者亦庶幾致敬先賢云爾

重修胡安定先生祠記

汪應庚

先生學通經術爲范文正公所知薦校鍾律授試
秘書省校書郎後范公經略陝西辟丹州推官以
保寧節度推官教授湖州召爲諸王宮教授以病
免已而以太子中允致仕皇祐中更鑄太常鍾磬
再召入京議樂于秘閣授光禄寺丞國子監直講
樂成遷太常寺丞賜緋衣銀魚嘉祐中以太子中
允充天章閣侍講前後遷秩皆不離太學此先生
歷官之較然者也先生教學之法慶歷建太學之
時頒天下以爲著令經義時務有以砭學者專尚
詞章之病又言行而身化之其教嚴而信其道久

而尊其爲學官及居太學四方學者雲集至館舍不能容其從先生學而歸者材無高下皆喜自修飭衣服容止往往相類人遇之雖不識皆知其爲先生弟子也當其從太學去歸其鄉也都城賢士大夫送之東門至與諸生同執弟子禮路人嗟歎以爲榮景祐明道以來能爲師者唯先生與孫復石介三人江都潘及甫有文行聞先生倡學於湖往從之先生愛其文以爲非諸生所及遂補學職後及甫舉進士官屯田員外郎遷左朝散以詩禮終其身學者以先生爲知人此先生善教之歷然

者也宋史東都事略皆云先生泰州人而郡志人物不載蜀岡祠堂不爲撰文立碑余每惑焉是以鳩工庀材堂宇門垣悉加繕葺而詳記先生之生平刻石以陷置壁間庶幾後人得以悦瞻遺範追想緒言而欣然有所興起也

揚州東園記　屈復

東園曰揚州者别於眞州也園在城西而曰東園者地居蓮性寺東因以名之從舊也前五十年余嘗登平山堂北郭園林連錦錯繡惟關壯繆祠外荒園一區古杏二株扶疏干雲日叢篁蓊密出荆棘

森然去年春又過之則蕪者芳塊者殖凹凸者因之而高深遊人摩肩繼踵矣周以修廊紆以曲檻右結脩然亭左構春雨堂嶺下爲池梁偃其上新泉出焉味甘洌不減蜀岡名曰品外第一泉雲山呂仙二閣矗乎前後門臨流水花氣煙霏而古杏新篁愈濃且翠縱步躋攀攜手千里堂以讌亭以憩閣以眺而隔江諸勝皆爲我有矣臨汾賀吳村舉酒屬予曰此某偶約同鄉諸君所新葺者也歐文忠東園記有云四方之客無日而不來吾三人者則有時而皆去也今揚之衝繇過於眞來者日

益多君行且歸老渭北余明年亦將旋里矣幸爲余記之夫君與鄉之同志標舉勝槩既各適其適而籬門不閉揚之人士又時遊焉雖去而鄉之同志有不封殖其林木修葺其牆屋者乎揚之人有不因鑑湖而懷賀監者乎則君固未嘗去耳吳邨名君召喜風雅好賓客與人不設町畦每觴余於此余知其襟度灑然異夫擁所有以自封者故爲之記

序

國朝

題東山公平山堂詩後

趙吉士

先徵君東山公師豫章黃楚望先生得程朱之學發明春秋大義共學齋教授生徒遇亂部署土人策捍圉即鄰邑亦稟受方畧云入明徵聘史局與宋文憲王忠文諸公齊名有贈貽詩劄載在集中集刻舊本世藏家塾吾祖父以授吉士時時奉讀見有平山堂次韻詩茲領権揚州重刊遺集適閱揚州志則平山堂詩久入志公暇招侶遊平山觀碑刻見先句未有刻吉士敬摹勒上石踵原韻附之嗟乎江山風月今古如斯遊蹤題詠莫可指數

要須詩以人傳未必詩能傳人也先徵君詩流傳三百年寧待勒石然海宇名勝尤有以人增重者自兹以往遊目興思或不但以楊栁春風徒作文人一曲也至於吉士登臨者屢矣迨是時始紀名石末附先徵君以傳則予小子之幸也夫

平山攬勝志序

汪應銓

余嘗以謂揚之蜀岡與蘇之虎邱相隔江南北而兩山相類顧野王謂虎邱高不抗雲深無藏景卑非培塿淺異疎林路若絶而復通石將斷而復綴抑巨麗之名山大吳之勝壤蜀岡隆然土阜發脈

萬里朱子所謂岷山夾江兩岸而行自嶓冢漢水之北生下一支至揚州而盡洪邁以爲登臨氣槩突兀古今蓋皆指蜀岡言之甚矣兩山之相類也虎邱自晉二王捨宅至唐而曾公有崇飾四時新之句白傅有海當亭兩面山在寺中心之詠棟宇之盛可以想見明遭蹂躪旋復舊觀以迄今日虎邱爲東南游觀之最勝千數百年於茲矣蜀岡自歐公守揚作堂宏壯冠絕淮南而公徙知他郡其時已有池臺草莽之慨其後數百年屢有興廢而余十數年前所見荒塗曠野巋然古堂與棲靈舊

刹寥閒相並而已吾家光禄君不惟葺而新之於堂之東西刱營重構梵宮禪室飛樓湧殿一如毘盧示現人間亭榭之參差欄檻之高下繚垣之曲直互相蔭暎蔽虧於萬松茂樾寒泉澄碧之間行旅有憩息之所游人有憑眺之娛不啻與海湧一峯相伯仲矣余嘗閱虎邱山志援引詩文多幽遐瑰異之作亦其景氣使然光禄君編斯志也春容大篇有過之者復有飄然不羣足備吟咀詩文與山水千古矣既卒讀序而歸之

平山堂小志序

程夢星

揚州名勝之地自昔有聞而平山堂者肇始於歐陽文忠厥名特振顧由廢興不一山堂之勝槩與歷代之咏歌編摩記載卒無其人予嘗慨焉欲有所論夫蘭亭之址發皇於右軍虎阜之墅維珣及珉鄧尉因於鄧禹焦巖著自焦先有子美之幽寄乃留蹤滄浪之濱有和靖之棲遁而后孤山之跡以存凡此類者雖一山一水咸藉淹雅之士薈萃於篇所以前人之流風餘韻不致鬱湮後之覽者亦足以當夫遊般矧斯堂也極盛於慶歷之際折花命酒讌集朋賓歐公往而劉公至一時風景依

然迨東坡三過尤寄意殷勤南渡巳後戰壘雲屯
基傾草鞠樵牧紛紜元明之代低徊憑弔者惟徒
感歎于荆榛洎我
熙朝賢守高士經營修復踵事維新
聖人南狩
翠華時巡騰
六飛而來幸灑
宸翰以寵頒於是山靈獻媚竹樹增妍詩歌盈耳遊賞
摩肩此則近事之有徵者又曷可以闕而無傳至
於訪棲靈之舊塔辨大明之芳泉眺摘星之傑峙

尋蜀岡之蜿蜒春貢之亭足考竹西之路可循是皆有須綴輯以補圖經之未全予竊有懷于此而愧塵俗相牽爾迺操觚勒成一編越十旬之休暇彙今昔以流連庶騁懷遊目者于此其有取旃

揚州東園題咏序

賀君召

揚之遊事盛於北郊香輿畫船往往傾城而出率以平山堂爲詣極而蓮性寺則中道也余鄉人所創關侯祠側隙地一區界寺之東叢竹大樹蔚有野趣爰約同人括而園之中爲文昌殿呂仙樓付僧主焉籬門不扃以供遊者往來乃未斷手而舸

織舟經題咏者徧四壁夫揚州古稱佳麗名公勝流屢爲交錯固騷壇之波斯市也城内外名園相屬目營心匠曲盡觀美而賞者獨流連茲地弗衰將無露臺月榭華軒邃館外有自得其性情於蕭澹閑遠者與昔人園亭每藉名輩詩文遂以不朽蘭亭觴詠無論近吳中顧氏玉山佳處叩其遺跡知者尠矣而讀鐵崖丹邱蜕巖伯雨諸公倡和則所爲緑波齋浣華館之屬固歷歷在人耳目也今冬擬歸里門惜壁上作漸次湮蝕乃就存者副墨以傳勝賞易陳風流不墜不深爲茲園幸耶且以

是誇於故鄉親舊知江南久客爲不虛耳

銘

國朝

蜀岡銘并序　　張潮

蜀岡相傳地脉通蜀朱子所云自嶓冢漢水之北生下一枝至揚州而盡者蓋綿亘數千里特立獨行無所附麗類士之知道而有守者爲之銘曰

山無倚厥名蜀士無偶其行獨漢水之陽嶓冢麓遙遙一綫亘相續有士卓然志嶽嶽如珠在淵玉在璞知止不殆足不辱兀立孤騫此其躅

卓氏四烈墓銘 并序

彭定求

四烈爲明指揮使卓煥之妻錢宜人與煥之姑適王刺史者及煥之二妹大姑四姑也煥故遜國時死難名臣忠貞公九世孫隨樞輔某公守揚州城將隕前一日錢宜人倡義而言曰婦人不死必辱遂死於屋後之池時其姑方歸寧於家亦死二妹長者十六歲次者十五歲皆從之死池水爲溢事定方殮顏色如生葬於禪智寺側湖州刺史吳綺爲之誌稱四烈云越六十餘年煥仲弟炳之子爾堪因禪智葬地卑濕遷於蜀岡余方校詩在揚乃

屬書其略於碑而系以銘曰

守身大義揭日月芳名請看道旁碣閭中少長眞英傑蜀岡從此增崒屼嗚呼實維忠貞公之餘烈

第五泉銘 幷序

高士鑰

光禄少卿汪公慕歐公平山堂遺蹟從七百餘年後重修而恢廓之東西梵刹殿閣軒廡參差高下照暎江山前郡守今大中丞尹公爲文勒碑以記其盛公一日憑眺岡巒躊躇四顧慨然曰茲山氣體蟠結而神韻不流是宜池水淪漣潤雲霞而宕風月始足以宣暢襟靈於是相度山麓購得地數

十畝鳩工開濬自冬徂春積畚鍤之勤唯恐水不灌注忽有源泉從地涌出乃亟捐朽壞剗榛葳洼然而井谷見泓然而天日下霅然而珠璣沸汲而飲之其味甘美不減中泠惠山觀者接踵日不下數千人咸拊手讚歎曰咄哉此眞第五泉也郡志載第五泉在大明寺西南大明寺即今棲靈寺其處正與志合泉開時得景福錢景福唐昭宗年號也自唐迄今此泉之顯晦不知歷幾何年矣一旦復見於人間豈非公好古好事造物者默相之俾斯泉踴躍奮迅而出歟抑何奇也乃即舊井壘甃

以石周以層臺緪以修梁而作亭于其北四面臨
池復立碑于池之東與井相直而覆以屋表之曰
天下第五泉良常王司勳虛舟筆也煙沒瀰漫竹
樹環匝自堂西望縹緲如瀛洲蓬島自井東望則
又如華嚴樓閣湧現空際詎非偉觀耶今年夏秋
苦旱塘井皆涸汲水而飲者日萬家而不竭尤足
副公利濟人物之素心而造物所以默相之此又
其大焉者也夫世人役身于聲利之藪語之以山
林泉石之娛有掉首不應者矣即或剏園亭池沼
有重門扃鐍以供歲時燕樂者矣若公於四海公

好之名區千古風流之勝迹合數百載以上數百載以下人人所規擬而不及爲者一一爲之不惜數萬之貲經營至十年不倦非識量曠遠物我齊觀其孰能之至是而山之氣韻流襟靈暢平山一堂而知仁動靜之致備矣使歐公復生則其詩所云山橫天地花發池臺者留連眞賞更當何如公之心與廬陵遥相質也公之澤不與斯泉俱永乎余忝守土深服公利濟人物之誠又喜其得泉之奇故敘其事而銘之曰

猗歟兹泉潛通滄溟第五之名穹壤俱永晦而復

顯人與神并茲泉不知冲然淵靜炎歊氷雪挹注
甘冷貺此貞珉無勞拜瞅

平山堂圖志卷第九

平山堂圖志卷第十

寧夏　趙之壁　編纂

雜識

廣陵地處江淮之介平原瀰迤無高山深谷潨流急湍以供攬擷獨城北蜀岡踞一郡之勝憑眺昇潤二州諸山浮青渲碧歷歷眉際宋歐陽文忠公建平山堂于此迄今餘六百年過其地者莫不仰止遺風流連歌詠而不能已遊人率常買舟出鎮淮門沿洄而西夾岸園林水木明瑟參差掩映於雉堞閒名小秦淮迤北爲紅橋新

城王尚書治春地也緑柳隄西爲法海寺游舸
皆小泊於此縱櫂稍北經保障湖舍舟遵陸可
三里許陟岡而上以登斯堂堂之後曰眞賞樓
其東屋宇翼然相並者即棲靈寺出寺東穿松
逕至最高處登萬松亭清籟喁于耳目逾曠折
而下循東麓登功德山則觀音閣在焉堂之西
緑陰翳空不見曦景曰梧桐徑其中有井上覆
以亭即向所傳爲第五泉也踐磴道稍降有池
呀然約十餘畝傍植桃柳拒霜之屬曰山池亘
以修梁繕亭其上曰水亭亭之南當水心爲石

臺中甃巨井翼以扶闌圍丈許濬池時所得蓋古第五泉在是池南數十武爲五烈墓封樹相接其西即五烈祠與司徒廟相連又西爲范文正胡文定二公祠蜀岡名勝至此畧盡焉汪應庚平山攬勝志

元和四年二月丁卯至揚州戊辰上棲靈浮圖辛未濟大江至潤州李翺來南録

太保令狐相出鎮淮海日支使班蒙與從事俱遊大明寺之西廊忽覩前壁題云一人堂堂二曜重光泉深尺一點去冰旁二人相連不欠一邊

三梁四柱烈火然添却雙鉤兩日全諸賓觀之皆莫能辨獨班支使曰一人大字也二曜日月明字也尺一者十一寸寺字也冰去點水字也二人相連天字不欠一邊下字三梁句無字也添雙鉤爲兩日比字也以此觀之得非大明寺水天下無比八字乎衆皆恍然謂黄絹之智無以異也詢之老僧云頃年有客獨遊題之而去不言姓氏馮翊桂苑叢談

廣陵嘗得明公鎮撫民俗去思未遠幸遵遺矩莫敢有踰獨平山堂占勝蜀岡江南諸山一目千

里至大明井瓊花二亭此三者拾公之遺以繼
盛美爾歐陽修與韓琦手簡
歐陽文忠公在揚州作平山堂壯麗爲淮南第一
堂據蜀岡下臨江南數百里眞潤金陵三州隱
隱若可見公每暑時輙淩晨攜客往遊遣人至
邵伯取荷花千餘朶以畫盆分插百許盆與客
相閒遇酒行即遣妓取一花傳客以次摘其葉
盡處則飲酒往往侵夜載月而歸余紹聖初始
登第嘗以六七月之閒館于此堂者幾月是歲
大暑環堂左右老木參天後有竹千餘竿大如

椽不復見日色蘇子瞻詩所謂稚節可專車是也寺有一僧年八十餘及見公猶能道公時事甚詳邇來幾四十年念之猶在目今余小池植蓮雖不多來歲花開當與山中一二客修此故事葉夢得避暑録話

歐公在揚州暑月會客取荷花千朶插畫盆中圍遶坐席又命坐客傳花人摘一葉盡處飲以酒故答呂通判詩云千頃芙蕖蓋水平揚州太守舊多情畫盆圍處花光合紅袖傳來酒令行然維揚芍藥妙天下可以奴視荷花而是時歐公

不聞有芍藥勝會何耶東坡在東武四月大會於南禪資福兩寺翦芍藥置瓶盆中供佛外以供賞玩不下七千餘朵有白花獨出於衆花之上圓如覆盂因有兩寺裝盛寶瓔珞一枝爭看玉盤盂之詠惜乎歐公未知出此葛立方韻語陽秋

慶元間右司郎中糜師旦遊平山堂恍如疇昔所經獨歎惜壁間字畫堂前楊柳之不存耳翌日渡江適其兄倅京口即移柳數十本屬揚帥趙子固爲補植且寄詩云壁上龍蛇飛去久堂前楊柳補來新一生企慕歐陽子重到平山省後

身寶祐維揚志

開禧邊釁之起揚郡本無侵軼時鎮帥畏怯欲遯假清野之名縱火於外負郭室屋延燔一空而堂遂爲荊榛瓦礫之場其時郭倪知揚州吏部閻蒼舒有贈揚州郡帥郭侯詩云平山堂上一長歎但有衰草埋荒邱歐仙蘇仙不可喚江南江北無風流蓋直指其事以刺之也程夢星平山堂小志

揚州蜀岡上大明寺平山堂前歐陽文忠公手植柳一株謂之歐公柳公詞所謂手植堂前楊柳別來幾度春風者薛嗣昌作守相時亦種一株

自榜曰薛公柳人莫不唖之張邦基墨莊漫録

水流天地外山色有無中王維詩也權德輿晚渡楊子江詩云遠岫有無中片帆烟水上已是用維語歐陽公長短句云平山闌檻倚晴空山色有無中詩人至是蓋三用矣然公但以此句施於平山堂爲宜初不自謂工也東坡先生乃云記取醉翁語山色有無中則似謂歐陽公創爲此句何哉陸游老學菴筆記

歐陽公送劉貢父守維揚作長短句云平山欄檻倚晴空山色有無中平山堂望江左諸山甚近

或以謂永叔短視故有山色句東坡笑之因賦快哉亭道其事云長記平山堂上欹枕江南烟雨杳杳没孤鴻認得醉翁語山色有無中蓋山色有無中非烟雨不能然也嚴有翼藝苑雌黃

歐陽公守維揚日于城西北大明寺側建平山堂頗得遊觀之勝劉原夫出守揚州公作朝中措餞之李良年詞林紀事

歐陽公自維揚移守汝陰作西湖詩云都將二十四橋月換得西湖十頃秋東坡自潁移維揚作詩寄曰二十四橋亦何有換此十頃玻璃風仿

歐公詩也趙德麟侯鯖録

東坡登平山堂懷醉翁作此詞張嘉甫謂予曰時紅粧成輪名士堵立看其落筆置筆目送萬里殆欲仙去爾余衰退得覩此於祐上座處便覺烟雨孤鴻在目中矣釋德洪石門題跋

熙寧四年眉山蘇文忠公軾在潁州有陪歐公宴西湖詩過廣陵有會三同舍詩七年登州王居卿知揚州蘇公去杭之密州任過揚州有平山堂和祠部王居卿詩元豐三年自彭城移守吳興過揚州有平山堂西江月詞三過平山十年

不見之語蓋距潁州陪宴時將十年歐公卒於熙寧五年故云欲弔文章太守仍歌楊柳春風也及元祐七年始知揚州甫半載改兵部尚書有遊蜀岡送李孝博詩獨無平山堂詩疑集中失載耳小志

復齋漫録云晏元獻赴杭州道過維揚憩大明寺瞑目徐行使侍吏讀壁間詩板戒其勿言爵里姓氏終篇者無幾又俾誦一詩徐問之江都尉王琪詩也召至同飯已又同步池上時春晚已有落花晏云每得句書墻壁間或彌年未嘗強

對且如無可奈何花落去至今未能對也王應聲曰似曾相識燕歸來自此辟置薦館職遂躋侍從矣苕溪漁隱曰昭陵諸臣傳元獻不曾知杭州乃云元獻赴杭州道過維揚所紀誤也胡仔苕溪漁隱叢話

王君玉内翰初登第調揚州江都縣簿題九曲池詩晏元獻閱之賞歎薦爲館職又嘗乞夢于后土祠夜得報云君年二十七官至四品時年正二十七大惡之過歲乃稍自安後以禮部侍郎樞密直學士致仕未改官制時正四品年七十

二云許彥周詩話

方圭好爲惡詩仁宗朝宋庠知揚州圭來謁宴於平山堂圭誦詩不已庠見野外有牛就木磨癢謂坐客晁詠曰青牛恃力狂挨木詠應聲曰妖鳥啼聲不避人圭悟其意飲散擊詠姓譜

秦觀字少游高郵人呂申公守維揚以舉子謁見時適中秋雲山閣落成宴客其上公素聞秦才名即煩撰樂語云雲山簷楯接低空公宴初開氣鬱葱照海旌旗秋色裏徹天簫鼓月明中香槽旋滴珠千顆歌扇驚圍玉一叢二十四橋人

望處台星正在廣寒宮祝穆方輿勝覽

呂申公在揚州日因中秋令秦少游預作口號少游遂有照海旌幢秋色裏徹天鼓吹月明中之句然是夜却微陰公云使不着也少游乃别作一篇其末云自是我公多惠愛却回秋色作春陰眞所謂翻手作雲也王立之直方詩話

自還家來比會稽時人事差少杜門却埽日以文史自娛時復扁舟循邗溝而南以適廣陵泛九曲池入大明寺飲蜀井上平山堂折歐陽文忠公所種柳而誦其所賦詩爲之喟然以歎遂登

摘星寺其地最高金陵海陵諸山歷歷皆在履下其覽眺所得佳處不減會稽望海亭但制度差小耳秦觀與李樂天柬

劉錡順德人以功授江淮制置使紹興三十一年冬十一月金主完顏亮至淮錡引兵屯揚州安撫劉澤勸錡退舍金主自山路徑趨揚屯平山堂下錡乃退軍于瓜洲鎮金主遣萬户高景山逐錡與官軍遇錡命統制賈和仲吳超拒之於皂角林宋史本傳彔府志

王鑑字仲明幼精騎射紹定三年李全犯揚州鑑

從趙葵迎擊之賊識鑑旗幟曰淮東硬軍也四年安撫使趙范約鑑出戰鑑躍馬出北門或以非地分勸徐行鑑不顧全適設宴平山堂意輕我軍鑑單騎直前相距才數百步抗聲罵賊全怒奔馬與戰葵遣兵斷其歸路全爲鑑所敗揚州府志

紹定三年李全攻揚州南門都統趙勝提勁弩注射全稍引退史彌遠與全書許增萬五千人糧勸歸楚州全擲書不受聞趙范趙葵已入揚乃以衆守泰州已引兵至灣頭胡義將先鋒至平

山堂全攻城東門不利使將張友呼請見葵隔濠立馬相勞苦葵切責之而去全一意長圍以持久困官軍不復薄城日于平山堂張蓋奏樂布置指揮范葵親帥將士鏖戰自辰至未殺傷相當互有勝敗四年正月李虎出南門楊義出東門王鑑出西門崔福出北門各扼賊壘開土城數處范葵提兵策應全步騎數千出戰諸軍奮擊多所俘馘全始自悔匆匆不樂會元夕城中放燈張樂姑示整暇全亦載妓女張燈平山堂宋史李全傳

李全圍揚州合諸項軍馬併驅鄉民二十餘萬一夕築長圍數十里圍合揚之三城爲必取之計會元夕欲示閒暇於城中張燈大宴全亦張燈於平山堂中夜全乘醉引馬步極力薄城趙范命其弟葵領兵出城迎戰至三鼓勝負未决葵先命李虎丁勝同持兵塞其甕門至是全欲還而門已塞進退失據且戰且退遂陷於新塘由是各散去次日於沮洳中得一紅袍而無一手指者乃全也先是全投北嘗自斷一指以示不復南歸 周密齊東野語

李庭芝字祥甫淳祐初舉進士中第開慶元年乃主管兩淮制置司事平山堂瞰揚城元兵至則構望樓其上張車弩以射城中庭芝乃築大城包之募汴南流民二萬人以實之命爲武鋭軍宋史本傳參府志

元盛時揚州有趙氏者富而好客其家有明月樓人作春題多未當其意一日趙子昂過揚主人知之迎至樓上盛筵相款酒半出紙筆求作春題子昂援筆書云春風閬苑三千客明月揚州第一樓主人得之甚喜盡徹席間銀器以贈貫

雲石亦有詞咏樓調寄水龍吟云晚來北海風沈滿樓明月留人住橋花香外玉笙初響修眉如妬十二闌干等閒隔斷人間風雨望畫橋檐影紫芝塵暖又喚起登臨趣回首西山南浦問雲物爲誰掀舞關河如此不堪騎鶴儘堪來去月落湖平小衾轉已非吾土且從容對酒龍香涴繭寫平山賦詞林紀事

王士正字貽上號阮亭謁選得揚州推官揚當孔道四方舟車畢集人苦應接不暇公以游刃行之與諸名士文讌無虛日如白蘇之宦杭風流

欲絶公既殁揚之邑士請於江南學臣胡宫庶
潤祀公名宦又於平山堂歐公祠以公配享葢
以蘇文忠公並稱三賢三公之才德名位信乎
異代同調微斯人烏足以當之宋犖王士正墓誌銘
山人官揚州地號繁劇公事畢則召賓客汎舟紅
橋平山堂酒酣賦詩斷紈零素墨瀋狼籍呉梅
村先生云貽上在廣陵晝了公事夜接詞人葢
實録也王士正自撰年譜
康熙元年壬寅春與袁于令籜菴杜濬于皇邱象
隨季貞蔣階釜山朱克生秋崖張養重山陽劉

梁嵩　陳允衡伯璣陳維崧其年修禊紅橋
有紅橋倡和集三年甲辰春與林古度茂之杜
濬于皇張綱孫祖望孫枝蔚豹人諸名士修禊
紅橋有冶春詩諸君皆和西樵先生曰貽上早
負夙惠神姿清徹如瓊林玉樹朗然照人爲揚
州法曹日集諸名士于蜀岡紅橋間擊鉢賦詩
香清茶熟絹素橫飛故陽羨陳其年有兩行小
吏豔神仙爭羨君侯腸斷句之詠至今過廣陵
者道其遺事彷彿歐蘇不徒憶樊川之夢也同前

並惠棟
注補

公文章結納遍天下客之訪平山堂唐昌觀者日以接踵公詩酒流連盡歡洽客相對永日亦終不忍干以私公嘗有一莫逆至臨別公曰媿官貧無以爲長者壽署有十鶴敬贈其二誌素交也客大喜載之而去可不謂廉而慎乎冒襄王士正考續序

紅橋在平山堂法海寺之側王貽上司理揚州日與諸名士遊讌酒間小有倡酬江南北頗流傳之于是過廣陵者多問紅橋矣徐釚南州草堂詞話

余少時官廣陵與諸名勝修禊紅橋即席賦冶春

詩二十四首陳其年後至贈余詩曰玉山筵上頽唐甚意氣公然籠罩人劉公㦷曰采明珠耀桂旗麗矣或率而兒拜或揚袂從風如欲仙去冶春詩獨步一代不必如鐵厓遁作別調乃見姿媚也（王士正香祖筆記）

予嘗與袁昭令杜于皇諸名宿宴于紅橋予自爲記作詞三首所謂綠楊城郭是揚州是也昭令酒閒作南曲被之絲竹又嘗與林茂之孫豹人張祖望綱孫輩修禊紅橋予首倡冶春詩二十餘首一時名士皆屬和予既去揚州過紅橋多

見憶者遂爲廣陵故事王士正漁洋詩話

余官揚州司李時福清林古度茂之年八十餘歲自金陵過訪每集諸名勝文宴紅橋平山堂之間予親爲撰杖康熙甲辰除夕茂之以萬歷甲辰已來六十年詩屬予刪定不減數千篇皆曹能始鍾伯敬譚友夏諸前輩所鉛黄予爲存其甲子以前風華近六朝者而刪其甲子後詩幾盡施愚山閏章見之曰吾與林翁久游處非君選不知其本色乃如是君之功林翁大矣同前

時聞西牕琴凍折三兩絃孟東野詩也淨几横琴

曉寒梅花落在絃間楊慈湖詩也松枝落雪滿琴絃倪雲林詩也鱘魚出水浪花圓北固樓前四月天忽憶戴顒牕户裏櫻桃風急打琴絃予在廣陵時詩也今不存集中同前

按此詩見帶經堂集漁洋詩第十五卷已收入藝文

金鎮字長徵江陰人康熙十三年知揚州府宋歐陽修平山堂郡名勝地也爲棲靈寺僧所占鎮興復之更修郡志皆手自排纂擢江南驛鹽副使晉按察使祀揚州名宦揚州府志

汪懋麟字季甪號蛟門其先徽産繼徙淅徙揚遂

著籍江都歐陽文忠平山堂傳數百年毀爲浮屠之居君言於太守金君力修復之前堂後閣上祀歐公其下雜植花竹梧桐楊柳前賢遺蹟一朝而復其風流好事如此王士正汪懋麟傳

宗元鼎字梅岑揚州人别號小香居士晚居廣陵之東原自著賣花老人傳略云手藝草花數十種辰擔花向紅橋坐賣得錢沽酒市人笑爲花顛事詩徐釚本

二十四橋倂以城門坊市爲名自韓令坤省築州城分布阡陌別立橋梁所謂二十四橋者或存

或廢不可得而考祝穆方輿勝覽

揚州在唐時最爲富盛舊城南北十五里一百一十步東西七里三十步可紀者有二十四橋最西濁河茶園橋次東大明橋今大明寺前入西水門有九曲橋今建隆寺前次東正當帥牙南門有下馬橋又東作坊橋橋東河轉向南有洗馬橋次南橋見在今州城北門外又南阿師橋周家橋今此處爲城北門小市橋今存廣濟橋今存新橋開明橋今存顧家橋通明橋今存太平橋利國橋出南水門有萬歲橋今存青園橋

自驛橋北河流東出有參佐橋今開元寺前次東水門有新橋皆古蹟也東出有山光橋見在山光寺前又自衙門下馬橋直南有北三橋中三橋南三橋號九橋不通船不在二十四橋之數皆在今州城西門之外沈括補筆談

杜牧官于金陵寄揚州韓綽判官詩青山隱隱水迢迢秋盡江南草未凋二十四橋明月夜玉人何處教吹簫草未凋今作草木凋不見江南草木經寒之意教吹簫作不吹簫金陵志謂此詩金陵二十四航也揚州二十四橋之名備載夢

溪筆談教字見寄揚州之意盛如梓老學叢談

清明前後三五日士女踏青泛湖游集勝地是日郡人罷市出西郊蜀岡道上挈壺榼者絡繹不絶墓祭以不過清明爲度修壠增土俱於是日他時掃墓或七月十五或十月朔日間有舉行若清明則無論貧富貴賤不敢後時揚州府志

平山堂酒土人取平山堂水釀成故名同前

平山堂圖志卷第十

ISBN 978-7-5010-6166-2
9 787501 061662 >
定价：198.00圆（全二册）